轨道交通工程关键技术系列丛书

丛书主编：王　虹　魏康林
丛书主审：米晋生　钟长平　王　晖　王洪东　黄威然　谢小兵

轨道交通工程质量通病防治手册
（土建专业）

主　编：王　虹　魏康林　谢小兵
副主编：刘献忠　周　舟　李新明

中国建筑工业出版社

图书在版编目（CIP）数据

轨道交通工程质量通病防治手册.土建专业／王虹，魏康林，谢小兵主编.—北京：中国建筑工业出版社，2019.10
（轨道交通工程关键技术系列丛书）
ISBN 978-7-112-24189-7

Ⅰ.①轨… Ⅱ.①王…②魏…③谢… Ⅲ.①地下铁道－工程质量－质量管理－手册 Ⅳ.①U231-62

中国版本图书馆CIP数据核字（2019）第202692号

责任编辑：刘颖超
责任校对：芦欣甜

轨道交通工程关键技术系列丛书
丛书主编：王　虹　魏康林
丛书主审：米晋生　钟长平　王　晖　王洪东　黄威然　谢小兵

轨道交通工程质量通病防治手册（土建专业）

主　编：王　虹　魏康林　谢小兵
副主编：刘献忠　周　舟　李新明

*

中国建筑工业出版社出版、发行（北京海淀三里河路9号）
各地新华书店、建筑书店经销
北京建筑工业印刷厂制版
北京富诚彩色印刷有限公司印刷

*

开本：787×1092毫米　1/16　印张：15¼　字数：367千字
2020年1月第一版　　2020年1月第一次印刷
定价：**188.00元**
ISBN 978-7-112-24189-7
(34704)

版权所有　翻印必究
如有印装质量问题，可寄本社退换
（邮政编码 100037）

轨道交通工程关键技术系列丛书

轨道交通工程质量通病防治手册（土建专业）
编 委 会

丛书主编：王 虹　魏康林
丛书主审：米晋生　钟长平　王 晖　王洪东　黄威然
　　　　　谢小兵
本书主编：王 虹　魏康林　谢小兵
本书副主编：刘献忠　周 舟　李新明
本书编委：（排名不分先后）
　　　　　王安礼　王欢贵　王学龙　帅小兵　丘 鹏
　　　　　兰安平　吕征舟　任仕超　刘 洋　孙友红
　　　　　李 明　杨明先　邹先科　张义龙　张生林
　　　　　张春勇　陈丹莲　范星星　林卓峰　欧海波
　　　　　罗春华　周正东　周辉乐　冼海欧　孟西联
　　　　　夏志辉　铁 强　徐明辉　郭建军　黄伟东
　　　　　梁怡星　戴志雄
主编单位：广州轨道交通建设监理有限公司

前 言

"百年大计,质量为本",质量是工程建筑企业生存和发展的立足之本。近几年随着全国轨道交通的大发展,质量问题也层出不穷,为结合全国各地建筑企业"工程质量治理两年行动"活动,作为轨道交通技术人员,我们编写了图文并茂的《轨道交通工程质量通病防治手册(土建专业)》。

本书集中了一线施工及管理人员多年的经验及教训,统计了轨道交通地下工程土建施工检查发现的常见质量问题。旨在从原因分析,制定对策,供日后参建人员对质量通病问题有直观的认识和有针对性做好预防措施,为地下工程的施工质量精益求精,持续改进。轨道交通工程质量不仅受地质、地下水及工程环境影响,而且工程管理、工艺控制、操作者熟练程度及质量重视程度等方面都对工程质量有深远的影响。本书结合地下工程质量的特点,以每个工序常见质量问题及规范施工工法以图文并茂的形式讲解,进行对比分析,使质量通病治理和防治更加标准化、形象化及可操作化。

本书按围护结构与地基基础工程、明挖车站主体工程、盾构法隧道工程、矿山法隧道工程及高架施工工程五部分介绍各关键部位的主要质量通病问题,共214个质量通病项目,对质量治理、防治轨道交通地下工程质量通病具有一定的指导作用,也对建设各方确保工程质量水平具有一定的借鉴作用。

本书在编写过程中得到多家单位专家及工程技术人员的帮助和支持,对此我们表示衷心感谢。由于编写人员水平有限,时间仓促,书中难免有错漏或表达不妥之处,恭请广大读者多提宝贵意见,我们将定期予以修编。

全体编者

2018 年 5 月

目 录

001　第1章　围护结构与地基基础工程质量通病及防治措施

1.1　导墙施工质量通病及防治措施 ················· 002
  1.1.1　导墙开挖不符合要求 ························· 002
  1.1.2　导墙钢筋绑扎及安装不符合要求 ················· 004
  1.1.3　导墙模板安装不符合要求 ····················· 005
  1.1.4　导墙混凝土表面缺陷 ························· 006

1.2　地下连续墙施工过程中的通病 ················· 008
  1.2.1　成槽过程中的泥浆不符合要求 ··················· 008
  1.2.2　导墙变形破坏 ······························· 009
  1.2.3　槽壁垂直度不符合要求 ························ 010
  1.2.4　钢筋笼吊装及就位偏差大 ······················ 011
  1.2.5　钢筋笼工字钢与分布筋焊接质量差 ················ 012
  1.2.6　钢筋笼焊接不符合要求 ························ 013
  1.2.7　钢筋笼骨架绑扎不符合要求 ···················· 014
  1.2.8　地下连续墙夹泥 ···························· 015
  1.2.9　地下连续墙酥松、蜂窝、孔洞、露筋 ·············· 016
  1.2.10　地下连续墙槽段接头漏水 ····················· 017
  1.2.11　水下混凝土灌注夹渣及断桩 ··················· 018
  1.2.12　水下灌注沉渣过厚 ·························· 019

1.3　围护桩常见质量通病 ························· 020
  1.3.1　桩孔偏移倾斜 ······························· 020
  1.3.2　放样点位偏差 ······························· 021
  1.3.3　成孔质量差 ································ 022

5

1.3.4 钢筋笼加工质量差……023
1.3.5 泥浆制备不满足要求……024
1.3.6 桩底沉渣过厚……025
1.3.7 水下混凝土浇筑常见问题……026
1.3.8 止水帷幕质量差……027

1.4 基底加固常见质量通病……028
1.4.1 软基地质加固质量差……028
1.4.2 搅拌桩施工质量缺陷……030
1.4.3 高压旋喷桩施工质量缺陷……031

033 第2章 明挖车站主体工程质量通病及防治措施

2.1 车站地基基础工程……034
2.1.1 基底泡水造成地基承载力降低……034
2.1.2 地基土扰动……035

2.2 车站综合接地工程……036
2.2.1 接地端子焊接不饱满……036
2.2.2 接地电阻实测值偏大……037

2.3 车站防水工程……038
2.3.1 防水基面凹凸不平整……038
2.3.2 防水卷材板空鼓……039
2.3.3 防水卷材搭接处漏焊、脱焊……040
2.3.4 卷材焊接及搭接长度不符合要求……041
2.3.5 中埋式橡胶止水带安装不符合要求……042
2.3.6 止水钢板焊接不符合要求……043
2.3.7 结构预埋件部位渗漏水……044
2.3.8 防水板损坏……045
2.3.9 涂料油毡隔离层粘贴不密实……046
2.3.10 止水钢板安装不当……047
2.3.11 顶板防水涂层起泡、起砂……048

    2.3.12 顶板防水涂层厚度不均 ……………………………… 049
    2.3.13 顶板外包防水预留长度不足 ………………………… 050
    2.3.14 防水层阴阳角细部处理不符合要求 ………………… 051
 2.4 车站脚手架模板工程 ………………………………………… 052
    2.4.1 模板轴线偏差大 ……………………………………… 052
    2.4.2 混凝土结构变形 ……………………………………… 053
    2.4.3 模板表片清理不干净 ………………………………… 054
    2.4.4 模板支撑体系不牢靠 ………………………………… 055
    2.4.5 人防墙模板加固采用 PVC 管不符合要求 ………… 056
 2.5 钢筋加工与安装工程 ………………………………………… 057
    2.5.1 钢筋原材表面锈蚀 …………………………………… 057
    2.5.2 钢筋原材料曲折 ……………………………………… 058
    2.5.3 钢筋切割断面不平 …………………………………… 059
    2.5.4 钢筋间距绑扎不符合要求 …………………………… 060
    2.5.5 钢筋绑扎不牢,吊装时钢筋骨架变形 ……………… 061
    2.5.6 板与柱钢筋穿格构柱钢筋绑扎不符合要求 ………… 062
    2.5.7 钢筋的接头未设置在受力较小处 …………………… 063
    2.5.8 钢筋接头位置同向 …………………………………… 064
    2.5.9 箍筋弯钩外平直长度及角度不符 …………………… 065
    2.5.10 箍筋接头位置在同向 ………………………………… 066
    2.5.11 钢筋绑扎不符 ………………………………………… 067
    2.5.12 螺纹套筒连接后接头丝口外露过多 ………………… 068
    2.5.13 钢筋保护层不符合设计要求 ………………………… 069
    2.5.14 钢筋锚固长度不够 …………………………………… 070
    2.5.15 钢筋烧伤、焊接不饱满 ……………………………… 071
 2.6 车站预留工程 ………………………………………………… 072
    2.6.1 预留外露钢筋无防锈措施 …………………………… 072
    2.6.2 预留孔洞及预埋件偏差大 …………………………… 073
    2.6.3 人防预埋件遗漏吊钩 ………………………………… 074
    2.6.4 人防门框遗漏锚固钢筋 ……………………………… 075

2.7 车站混凝土工程 ······ 076
- 2.7.1 混凝土和易性差 ······ 076
- 2.7.2 混凝土外加剂使用不当 ······ 077
- 2.7.3 混凝土表面麻面 ······ 078
- 2.7.4 混凝土表面露筋 ······ 079
- 2.7.5 混凝土表面蜂窝 ······ 080
- 2.7.6 混凝土表面孔洞 ······ 081
- 2.7.7 墙、柱根部烂脚 ······ 082
- 2.7.8 混凝土中间有缝隙、夹层 ······ 083
- 2.7.9 混凝土表面出现裂缝 ······ 084
- 2.7.10 车站顶板混凝土表面出现裂缝 ······ 085
- 2.7.11 结构阳角出现掉角、破损 ······ 086
- 2.7.12 混凝土表面凹凸、鼓胀 ······ 087
- 2.7.13 混凝土表面不平整、倾斜 ······ 088
- 2.7.14 混凝土强度不足 ······ 089
- 2.7.15 离壁沟常见质量问题 ······ 090

2.8 车站土方回填工程 ······ 091
- 2.8.1 回填土材料不符合要求 ······ 091
- 2.8.2 回填土密实度达不到设计要求 ······ 092
- 2.8.3 填方出现弹性土 ······ 093
- 2.8.4 回填土沉陷或冻胀 ······ 094
- 2.8.5 场地积水 ······ 095

097 第3章 盾构法隧道工程质量通病

3.1 管片制作与生产 ······ 098
- 3.1.1 管片钢筋笼安装质量较差 ······ 098
- 3.1.2 管片混凝土外观存在气泡、蜂窝、裂缝 ······ 099
- 3.1.3 管片混凝土外观存在啃边、掉角 ······ 100
- 3.1.4 管片预埋件定位质量 ······ 101

  3.1.5 管片缓冲垫、止水圈粘贴质量问题 ⋯⋯⋯⋯⋯⋯ 102

 3.2 盾构始发与到达 ⋯⋯⋯⋯⋯⋯⋯⋯⋯⋯⋯⋯⋯⋯⋯⋯⋯⋯ 103

  3.2.1 套筒安装质量差 ⋯⋯⋯⋯⋯⋯⋯⋯⋯⋯⋯⋯⋯⋯⋯ 103

  3.2.2 冷冻法冷冻失效 ⋯⋯⋯⋯⋯⋯⋯⋯⋯⋯⋯⋯⋯⋯⋯ 104

  3.2.3 泥水机不破洞门始发 ⋯⋯⋯⋯⋯⋯⋯⋯⋯⋯⋯⋯⋯ 105

  3.2.4 洞门预埋环板安装质量差 ⋯⋯⋯⋯⋯⋯⋯⋯⋯⋯⋯ 106

  3.2.5 盾尾注浆不能有效填充 ⋯⋯⋯⋯⋯⋯⋯⋯⋯⋯⋯⋯ 107

  3.2.6 盾构始发刀盘入土时被卡住 ⋯⋯⋯⋯⋯⋯⋯⋯⋯⋯ 108

  3.2.7 导轨施工质量差 ⋯⋯⋯⋯⋯⋯⋯⋯⋯⋯⋯⋯⋯⋯⋯ 109

  3.2.8 帘幕板安装质量差 ⋯⋯⋯⋯⋯⋯⋯⋯⋯⋯⋯⋯⋯⋯ 110

  3.2.9 帘幕板损坏 ⋯⋯⋯⋯⋯⋯⋯⋯⋯⋯⋯⋯⋯⋯⋯⋯⋯ 111

  3.2.10 反力架位移和变形 ⋯⋯⋯⋯⋯⋯⋯⋯⋯⋯⋯⋯⋯ 112

  3.2.11 洞门土体掉落、塌方、涌水涌砂 ⋯⋯⋯⋯⋯⋯⋯ 113

  3.2.12 盾构始发姿态偏离轴线 ⋯⋯⋯⋯⋯⋯⋯⋯⋯⋯⋯ 114

  3.2.13 盾构机栽头与上浮 ⋯⋯⋯⋯⋯⋯⋯⋯⋯⋯⋯⋯⋯ 115

  3.2.14 盾构测量导向系统错误 ⋯⋯⋯⋯⋯⋯⋯⋯⋯⋯⋯ 116

  3.2.15 曲线始发超限 ⋯⋯⋯⋯⋯⋯⋯⋯⋯⋯⋯⋯⋯⋯⋯ 117

  3.2.16 分体始发引起的质量通病 ⋯⋯⋯⋯⋯⋯⋯⋯⋯⋯ 118

 3.3 盾构掘进 ⋯⋯⋯⋯⋯⋯⋯⋯⋯⋯⋯⋯⋯⋯⋯⋯⋯⋯⋯⋯⋯ 119

  3.3.1 盾构推进困难 ⋯⋯⋯⋯⋯⋯⋯⋯⋯⋯⋯⋯⋯⋯⋯⋯ 119

  3.3.2 掘进参数与地层不匹配 ⋯⋯⋯⋯⋯⋯⋯⋯⋯⋯⋯⋯ 120

  3.3.3 渣土改良系统效果不理想 ⋯⋯⋯⋯⋯⋯⋯⋯⋯⋯⋯ 121

  3.3.4 盾构产生后退 ⋯⋯⋯⋯⋯⋯⋯⋯⋯⋯⋯⋯⋯⋯⋯⋯ 122

  3.3.5 盾尾密封装置泄露 ⋯⋯⋯⋯⋯⋯⋯⋯⋯⋯⋯⋯⋯⋯ 123

  3.3.6 衬砌注浆不饱满、不密实 ⋯⋯⋯⋯⋯⋯⋯⋯⋯⋯⋯ 124

  3.3.7 回转角变化过大 ⋯⋯⋯⋯⋯⋯⋯⋯⋯⋯⋯⋯⋯⋯⋯ 125

  3.3.8 盾构机姿态异常 ⋯⋯⋯⋯⋯⋯⋯⋯⋯⋯⋯⋯⋯⋯⋯ 126

 3.4 管片拼装 ⋯⋯⋯⋯⋯⋯⋯⋯⋯⋯⋯⋯⋯⋯⋯⋯⋯⋯⋯⋯⋯ 127

  3.4.1 盾构隧道管片错台 ⋯⋯⋯⋯⋯⋯⋯⋯⋯⋯⋯⋯⋯⋯ 127

  3.4.2 纵缝偏差大 ⋯⋯⋯⋯⋯⋯⋯⋯⋯⋯⋯⋯⋯⋯⋯⋯⋯ 128

3.4.3　螺栓未拧紧 …………………………………………………… 129
　　　3.4.4　管片环面与隧道轴线不垂直 ………………………………… 130
　　　3.4.5　盾构隧道椭变 ………………………………………………… 131
　　　3.4.6　盾构隧道侵限 ………………………………………………… 132
　　　3.4.7　管片破损 ……………………………………………………… 133
　　　3.4.8　管片裂缝 ……………………………………………………… 135
　3.5　盾构隧道防水 ……………………………………………………… 136
　　　3.5.1　管片接缝渗漏 ………………………………………………… 136
　　　3.5.2　管片压浆孔渗漏 ……………………………………………… 138
　　　3.5.3　管片纵、环缝渗漏 …………………………………………… 139
　　　3.5.4　联络通道与隧道管片接缝渗漏 ……………………………… 140
　　　3.5.5　洞门与隧道管片接缝渗漏、不平顺 ………………………… 141
　　　3.5.6　隧道管片修补堵漏外观质量差 ……………………………… 142

143　第4章　矿山法隧道施工质量通病防治

　4.1　洞内、地面加固 …………………………………………………… 144
　　　4.1.1　超前小导管安装及注浆质量不满足设计要求 ……………… 144
　　　4.1.2　大管棚安装及注浆质量不满足设计要求 …………………… 145
　　　4.1.3　加固效果达不到设计及施工要求 …………………………… 146
　4.2　竖井施工 …………………………………………………………… 147
　　　4.2.1　定位错误及围护结构侵限 …………………………………… 147
　　　4.2.2　围护结构钢筋笼制作质量缺陷 ……………………………… 148
　　　4.2.3　竖井基坑爆破超欠挖 ………………………………………… 149
　　　4.2.4　竖井开挖及格栅钢架质量缺陷 ……………………………… 150
　　　4.2.5　竖井支护喷射混凝土质量缺陷 ……………………………… 151
　　　4.2.6　竖井围护结构鼓包质量缺陷 ………………………………… 152
　　　4.2.7　竖井钢筋混凝土结构接缝烂根质量缺陷 …………………… 153
　4.3　正洞开挖 …………………………………………………………… 154
　　　4.3.1　进洞前注浆达不到设计及施工要求 ………………………… 154

    4.3.2 注浆引起地面建筑物及洞内成型隧道变形 ……………… 155
    4.3.3 开挖时超挖或欠挖 ………………………………………… 156
    4.3.4 爆破效果差 ………………………………………………… 157
    4.3.5 锚杆施工不符合设计要求 ………………………………… 158
4.4 格栅拱架 ……………………………………………………… 159
    4.4.1 格栅拱架加工质量差 ……………………………………… 159
    4.4.2 格栅拱架安装不规范 ……………………………………… 160
    4.4.3 格栅拱架之间连接筋焊接不满足设计及规范要求 ……… 161
    4.4.4 锁脚锚管打设数量及角度与设计不符 …………………… 162
    4.4.5 钢筋网片安装不规范 ……………………………………… 163
4.5 喷射混凝土质量 ……………………………………………… 164
    4.5.1 喷射混凝土厚度不足 ……………………………………… 164
    4.5.2 超挖填充不规范 …………………………………………… 165
    4.5.3 喷射混凝土平整度差，存在露筋现象 …………………… 166
    4.5.4 初支背后空洞 ……………………………………………… 167
    4.5.5 初支背后回填注浆不密实 ………………………………… 168
4.6 防水基面处理 ………………………………………………… 169
    4.6.1 防水基面处理不到位 ……………………………………… 169
    4.6.2 初支渗漏水 ………………………………………………… 170
    4.6.3 防水板搭接长度或焊接质量不满足设计要求 …………… 171
    4.6.4 防水板破损 ………………………………………………… 172
    4.6.5 变形缝、施工缝处渗水及止水带安装不符合要求 ……… 173
4.7 二衬钢筋 ……………………………………………………… 174
    4.7.1 钢筋绑扎不规范 …………………………………………… 174
    4.7.2 二衬钢筋层距不满足设计要求 …………………………… 175
    4.7.3 钢筋焊缝不饱满 …………………………………………… 176
    4.7.4 钢筋焊缝夹渣 ……………………………………………… 177
    4.7.5 钢筋焊缝气孔 ……………………………………………… 178
    4.7.6 钢筋保护层不符合规范要求 ……………………………… 179
    4.7.7 杂散电流钢筋安装不规范 ………………………………… 180

4.8 二衬混凝土 ·· 181
    4.8.1 二衬混凝土表面麻面、蜂窝 ································ 181
    4.8.2 混凝土出现露筋现象 ·· 182
    4.8.3 混凝土表面色泽不一致 ····································· 183

4.9 暗挖成型隧道常见问题 ·· 184
    4.9.1 初支侵限 ··· 184
    4.9.2 初支变形、开裂 ··· 185
    4.9.3 隧道二衬上浮 ·· 186
    4.9.4 混凝土接缝错台 ··· 187
    4.9.5 混凝土结构产生不规则裂缝 ································ 188
    4.9.6 二衬混凝土厚度不满足设计要求 ·························· 189
    4.9.7 混凝土强度不符合设计要求 ································ 190
    4.9.8 二衬渗漏水 ··· 191
    4.9.9 隧道结构净空侵限 ·· 192
    4.9.10 二衬混凝土与初支间存在空洞 ·························· 193
    4.9.11 预留预埋件遗漏或预埋位置不满足要求 ················ 194

195 第5章 高架施工质量通病

5.1 高架柱孔桩桩基础 ·· 196
    5.1.1 孔桩施工过程中不符合要求 ································ 196
    5.1.2 钢筋笼制作及吊装不符合要求 ····························· 197
    5.1.3 水下混凝土灌注不符合要求 ································ 198
    5.1.4 水下混凝土灌注夹渣及断桩 ································ 199
    5.1.5 旋挖桩成孔偏斜、孔壁坍塌 ································ 200

5.2 承台施工 ·· 201
    5.2.1 承台开挖不符合要求 ·· 201
    5.2.2 承台钢筋绑扎及安装不符合要求 ·························· 203
    5.2.3 承台模板安装不符合要求 ··································· 204
    5.2.4 承台混凝土实体及表面缺陷 ································ 205

5.3 地梁施工 ·· 206
5.3.1 模板安装不符合要求 ··· 206
5.3.2 地梁钢筋绑扎不符合要求 ······································ 208
5.3.3 地梁混凝土实体及外观质量差 ·································· 209

5.4 现浇箱梁施工 ··· 210
5.4.1 支架现浇箱梁模板缺陷 ·· 210
5.4.2 箱梁钢筋绑扎不符合要求 ······································ 211
5.4.3 箱梁混凝土实体及外观质量差 ·································· 213
5.4.4 箱梁后张及压浆施工不符合要求 ································ 214
5.4.5 模板支架施工过程中变形过大 ·································· 215
5.4.6 模板拼接处混凝土外观质量较差 ································ 216

5.5 高架预制梁与预制板制作与安装 ································· 217
5.5.1 梁体混凝土表面质量缺陷 ······································ 217
5.5.2 梁体产生微裂缝 ·· 218
5.5.3 预应力筋张拉时发生断丝、滑丝 ································ 219
5.5.4 孔道压浆时出现问题 ·· 220
5.5.5 箱梁横坡过大或者过小，偏离设计值 ···························· 221
5.5.6 箱梁顶部混凝土表面未振捣密实，收面拉毛未到位 ······ 222
5.5.7 芯模上浮 ·· 223
5.5.8 箱梁混凝土与以后新混凝土接触面的凿毛问题 ·············· 224

5.6 高架施工测量 ··· 225
5.6.1 施工控制网测设精度不够 ······································ 225
5.6.2 角度、边长测量精度不够 ······································ 226
5.6.3 放样点复核不到位 ·· 227
5.6.4 墩柱中心偏位、倾斜，墩柱与轴线不正交产生偏差 ······ 228
5.6.5 线路纵横断面控制及精度计算不符合要求 ·················· 229

第1章 围护结构与地基基础工程质量通病及防治措施

1.1 导墙施工质量通病及防治措施

1.1.1 导墙开挖不符合要求

1. 图片展示

图 1.1.1　土体开挖时塌方导致导墙开挖尺寸过大　　图 1.1.2　导墙开挖正常尺寸

2. 质量问题分析

（1）开挖尺寸偏大或偏小；

（2）开挖深度偏深或偏浅；

（3）开挖的中心线不符合要求；

（4）地质比较松散、塌槽；

（5）开挖过程未及时进行复测。

3. 防治措施

（1）在连续墙范围内遇层厚很厚的杂填土或浜填土时，将导墙加深至黏土层，并根据需要将导墙构筑成"][" 型导墙形式；导墙沟槽开挖时，为防止沟槽塌方，采取插钢板桩围护措施；

（2）在连续墙范围内遇暗沟情况下，可对暗沟土进行换填或改良两种处理措施；

（3）在连续墙范围内遇地下障碍物导墙构筑前，认真进行连续墙墙址范围的地下障碍物调查，并彻底清除连续墙范围的地下障碍物：

① 对于埋深在 5m 以内的地下障碍物，可采取放坡或钢板桩围护条件下进行导墙沟槽开挖，并清除连续墙范围地下障碍物；

② 对于连续墙范围埋深大于 5m 的有筋桩（灌注桩或树根桩等）可采用千斤顶拔除，然后向孔内回填优质黏土；

③ 对于连续墙范围埋深大于 5m 的无筋桩（搅拌桩、粉喷桩、旋喷桩等）可采用钻机磨桩清除，然后用优质黏土置换孔内泥浆；

④ 若有已废弃的地下管线横穿连续墙导墙，则需在连续墙成槽前对废弃管线进行有效封堵，以防止槽壁内泥浆流失。

（4）若遇地下连续墙范围地质条件差时，为防止连续墙塌方，采取如下预防或应对措施：将导墙加高，以提高槽内泥浆液面（俗称"高导墙"）；在连续墙两侧预先采用搅拌桩围护（俗称"夹芯饼干"）；采用井点降水措施，降低周边地下水位；提高泥浆比重；

（5）在开挖的过程中严格控制标高及中心线位置、截面尺寸，开挖完成后对中心线及时进行复测。

1.1.2 导墙钢筋绑扎及安装不符合要求

1. 图片展示

图1.1.3 导墙钢筋间距不均匀，绑扎不符合要求

图1.1.4 钢筋间距均匀

2. 质量问题分析

（1）未按设计要求加工钢筋构件；

（2）下料的过程中长度尺寸有偏差；

（3）端头未做弯钩；

（4）绑扎的过程中钢筋间距不均匀；

（5）层间间距不符合要求；

（6）上层网与下层网贴合在一起；

（7）钢筋网上人为踩压或堆放材料造成钢筋网变形。

3. 防治措施

（1）在钢筋加工前严格按照设计要求进行下料，按照要求加工钢筋配件；

（2）钢筋绑扎或焊接必须牢固，固定钢筋措施应可靠有效，为使保护层厚度准确，垫块应沿主筋方向摆放，位置、数量准确；对柱头外伸主筋部分要加一道临时箍筋，按图纸位置绑扎好，然后用Φ8-Φ10钢筋焊成的井字形铁卡固定，对墙板钢筋应设置可靠的钢筋定位卡；

（3）钢筋保护层不符合规范要求，墙、柱主筋偏位：造成该缺陷的原因主要有保护层垫块（铁马凳）的厚度不符合要求或设置数量偏少；混凝土保护垫块少放或漏放；梁、柱、板内钢筋缺定距措施，缺放或少放撑筋，墙、柱缺少限位措施，在混凝土浇捣时被振动机械挤偏未及时校正等；

（4）上筋弯钩应向下，底筋弯钩朝上，角筋弯钩与构件侧面夹角以30°左右为宜；

（5）绑扎点要牢或增加绑扎点，扎丝绑扎时采用"八"字型花扣，运输方法要正确，施工操作人员不要在骨架上行走、踩踏、堆放材料等；

（6）宜优先采用放大样的方法施工，构件绑扎后，应采取可靠的限位装置，防止搬运过程中变形，做好相应的成品保护工作；

（7）复核导墙轴线是否符合要求，控制外放尺寸，按现场实际情况调整钢筋笼尺寸。

1.1.3 导墙模板安装不符合要求

1. 图片展示

图 1.1.5　导墙模板变形

图 1.1.6　标准导墙模板安装

2. 质量问题分析

（1）模板安装不牢固，模板接头缝隙大；

（2）表面不平整，不垂直；

（3）底部固定不牢固；

（4）模板支撑固定不牢；

（5）使用达到报废标准的废旧模板。

3. 防治措施

（1）采用有足够的强度，且符合设计要求，不易变形及破损的模板与支撑，根据实际情况合理确定模板的周转次数，以减少混凝土工程质量缺陷；

（2）采用有刚度，符合设计要求的模板，确保模板不产生挠曲变形；且模板支撑后应具有足够的稳定性，对稳定性不足的部位在浇混凝土前先行加固，以防因模板支撑稳定性不足在浇混凝土时产生混凝土质量事故，甚至安全事故；

（3）严格按规范要求进行模板工程验收，严格控制模板的接缝宽度和平整度；

（4）拆模时混凝土强度：整体式结构承重模板，应在与结构同条件养护试块达到规定强度时方可拆除；拆除侧模应待结构混凝土达到相应强度，保证混凝土表面光洁，棱完整；

（5）隔离剂材料先用及控制：应根据各种模板的特点，选用合适的隔离剂，隔离剂材料的选用应考虑脱模容易，不污染构件表面，对混凝土与钢筋无损害；以保证脱模顺利，混凝土棱角与表面在拆模时不受破坏；严禁使用废机油作脱模剂；

（6）严禁使用达到报废标准的废旧模板。

1.1.4 导墙混凝土表面缺陷

1. 图片展示

图 1.1.7 混凝土振捣不密实　　　　图 1.1.8 导墙面有蜂窝麻面裂隙

2. 质量问题分析

（1）模板表面粗糙、木模板未浇水湿润或湿润不够、接缝不严导致局部漏浆、混凝土未振捣或振捣过多，产生蜂窝麻面；

（2）浇筑的过程中钢筋的保护层垫块外移或垫块太少，混凝土配合比不当产生离析，拆模时造成缺棱掉角导致露筋；

（3）混凝土配合比不当，振捣不密实；

（4）模板的刚度不够，支撑不够，胀模；

（5）成品保护不到位。

3. 防治措施

（1）模板表面应清理干净，不得粘干硬杂物；浇筑前应充分湿润，并清理干净；浇筑完成后不宜拆模过早；

（2）在安装模板的过程中应保证钢筋的保护层满足要求；

（3）混凝土浇捣过程中应采取措施，尽量不碰撞钢筋，严禁砸压、踩踏钢筋，以及直接顶撬钢筋；浇捣过程中要有专人随时检查钢筋位置并及时校正；

（4）浇筑混凝土时采取对称浇筑、分层对称浇筑，振捣过程中严格控制振捣时间，保证密实度；

（5）模外应设围檩和模箍，模箍间距应加密（间距不得大于 40cm），同时模箍与模板之间应采用对拔榫塞紧，以防凸肚或漏浆；

（6）木模板侧模下口必须有夹木钉紧在支柱的横杆上；当梁侧模板上的通长围檩兼作楼板模板的桁架支座时，围檩下应加设短柱或短撑木；

（7）对拉螺栓应垂直于模板表面，否则受力后将发生错动而失去作用。对拉螺栓的拧紧程度应适当，拧得太松，模板在受力后即外凸，起不了固定模板位置的作用；拧得太紧，易造成滑牙，最终也失去对拉螺栓的作用；

（8）扣件的拧紧程序，对于钢筋支架的承载能力、稳定和安全有很大的影响；拧紧程度适当，可使扣件具有足够的抗滑、抗扭、抗拔能力；但不要用力过大，以防滑丝；

（9）浇捣混凝土时，不得用震动器强震模板，不得任意拆除模箍、支撑或梁上口的拉杆；竖向构件应分层浇捣，并控制施工速度，避免产生过大的侧压力。

1.2 地下连续墙施工过程中的通病

1.2.1 成槽过程中的泥浆不符合要求

1. 图片展示

图 1.2.1 成槽中的泥浆质量不合格　　　　图 1.2.2 泥浆更换后照片

2. 质量问题分析

泥浆比重偏大、黏度偏小、沉渣过厚、含砂率偏高以及 pH 值偏大等问题,主要原因:

(1) 未设置泥浆循环处理设施;

(2) 未严格按规范对过程泥浆指标质量进行控制;

(3) 冲孔中断时,未进行泥浆循环;

(4) 踏孔现象。

3. 防治措施

(1) 连续墙施工泥浆管理要安排专人负责,设置符合规定的泥浆处理系统;

(2) 加强循环泥浆质量控制,严格控制新浆配合比;

(3) 冲孔过程中保证泥浆不断循环,严禁泥浆沉淀静置。

1.2.2 导墙变形破坏

1. 图片展示

图 1.2.3　成槽后未及时采用泥浆稳定槽壁,导致槽内塌方

图 1.2.4　成槽后采用泥浆维持槽壁的稳定

2. 质量问题分析

(1) 导墙下地基存在暗渠、废弃管道,软弱土层未按设计处理;

(2) 导墙埋深不足,受较高地下水位冲刷掏空导墙下的地基土;

(3) 导墙未按设计要求进行地基处理;

(4) 导墙混凝土强度不足,厚度、配筋不足;

(5) 导墙背后填土质量未达到设计要求;

(6) 作用在导墙上的施工荷载过大;

(7) 冲孔振动或吊装设备行走,外加荷载大产生的变形破坏。

3. 防治措施

(1) 当上部分为杂填土及松软土体时,应先清除并回填夯实;修筑深导墙,即导墙埋深应超过该部分土体且导墙坐落在老土层上,并在导墙后进行质量好的黏土分层回填夯实,利用深导墙围护该部分的土体稳定;

(2) 当地下水位过高时,可采用高修导墙的方式提高泥浆液面进行护壁,即在施工导墙时使导墙高出地下水位 1.5m 左右,以保证导墙内的泥浆液面高于地下水 1.25m 左右;在一般情况下通过降低地下水位来保持槽壁的稳定,但降低地下水位会产生较大的固结沉降,若允许降低地下水,相对提高护壁泥浆液面以维持槽壁的稳定;

(3) 做好导墙的施工,导墙有支撑重物维持稳定液面和防止槽口坍塌的作用,一般不应小于 1.2m;应将导墙底换填部分夯实,严格防止导墙开裂和位移,混凝土到达设计强度以前禁止任何大型机械停留;

(4) 重视泥浆的配置与使用(泥浆质量指标控制:密度 1.1～1.3g/cm,黏度≤ 30s,含砂量≤ 5%,黏粒含量≥ 50%);

(5) 合理划分单元槽段,选择适当的单元槽段施工顺序(划分原则为不影响槽段的稳定性),同时增加支撑固定,防治导墙变形;

(6) 根据施工过程调整泥浆性能。

1.2.3　槽壁垂直度不符合要求

1. 图片展示

图 1.2.5　成槽时成槽机抓斗垂直度偏差较大　　图 1.2.6　成槽时垂直成槽机抓斗

2. 质量问题分析

（1）在导墙基坑开挖的过程中未对导墙的中心线进行复测；
（2）导墙内侧的混凝土发生胀模；
（3）导墙模板的加固不符合要求；
（4）地层中岩石起伏大，冲孔"跑偏"；
（5）冲孔的垂直度把关不严，未及时纠偏修孔；
（6）缺乏有效的成孔成槽垂直度把关手段。

3. 防治措施

（1）保证成槽的垂直度是保证地下连续墙垂直的重要因素，导墙模板安装完成后应及时组织相关人员对导墙模板的中心线及口径进行复测；
（2）选择适合的成槽设备，提高成槽的垂直度及工效；
（3）调整抓槽机两侧受力及抓槽顺序，动态过程检查垂直度；
（4）在岩层中冲孔，小冲程、慢纠偏、及时测量垂直度调整的措施，保证成孔的垂直度；
（5）引入超声波等先进的检测手段，制作检测笼和设备自带垂直度控制仪器。

1.2.4 钢筋笼吊装及就位偏差大

1. 图片展示

图 1.2.7 吊点未锁到位，未按规程进行起吊作业

图 1.2.8 正确作法

2. 质量问题分析

（1）钢筋骨架通常在胎膜上烧焊成型，采用的吊装工艺使其不可避免产生扰动和振动；

（2）可能保护层厚度不足、露筋、骨架扭曲、变形错位、生锈、下沉；

（3）预埋件偏位、接驳器错位；分布筋、接驳器上夹泥；保护层脱落等；

（4）硬岩地层中，冲孔垂直偏差大，方锤修孔不彻底；

（5）二期槽净宽与钢筋网片加土宽度不吻合，产生"卡笼"；

（6）二期槽修边不到位。

3. 防治措施

（1）吊装前应组织有关部门根据施工方案的要求共同进行全面检查：

① 施工锁具的配置与锁具是否一致；② 设备基础地脚螺栓的位置是否符合工程质量要求，与设备裙座或底座螺孔是否相符；③ 隐蔽工程自检；④ 基础周围的土方是否回填夯实；⑤ 现场是否符合操作要求；⑥ 吊装设备是否符合吊装要求；⑦ 施工用电的供给能否满足，了解人员分布及指挥系统和天气状况；⑧ 其他情况。

（2）钢筋笼吊装需设置 4 吊环，吊环对称布置焊接在钢筋笼首端，面焊或双面焊，焊缝长度不小于 10d；

（3）钢筋笼在吊放的过程中要小心平稳，不要强行冲放，以防止其导致槽壁坍塌；

（4）钢筋笼在入槽时必须确定吊点中心对准槽段中心后再徐徐下降，采用全站仪检查其垂直度，以控制钢筋笼的位置并保证笼体垂直，发现倾斜应及时纠正；

（5）吊放的过程中若槽壁凹凸不平、弯曲会导致钢筋笼无法下放，此时可采用抓斗、刷壁器修整槽壁，直到钢筋笼可放入为止；

（6）钢筋笼下放到位后，应及时采用水准仪复测其顶面标高，确保其与设计一致，偏差应控制在规范允许的范围内；

（7）严格控制成槽宽度与钢筋网片对应一致。

1.2.5 钢筋笼工字钢与分布筋焊接质量差

1. 图片展示

图 1.2.9 焊接不饱满

图 1.2.10 正确作法

2. 质量问题分析

（1）搭接长度不足，焊缝不饱满，漏焊；

（2）操作人员操作不当，经验不足，采用的焊条电流不匹配；

（3）未按设计要求对其进行试焊；

（4）质保体系差，自检不到位。

3. 防治措施

（1）按设计要求和焊接规范的规定加工焊缝坡口，尽量选用机械加工以使坡口角度和坡口边缘的直线度达到要求，避免用人工气割、手工铲削加工坡口；在组对时，保证焊缝间隙的均匀一致，为保证焊接质量打下基础；

（2）通过焊接工艺评定，选择合适的焊接工艺参数；

（3）焊工要持证上岗，经过培训的焊工有一定的理论基础和操作技能；

（4）多层焊缝在焊接表面最后一层焊缝时，在保证和底层熔合的条件下，应采用比各层间焊接电流较小，并用小直径（$\phi 2.0mm \sim 3.0mm$）的焊条覆面焊；运条速度要求均匀，有节奏地向纵向推进，并作一定宽度的横向摆动，可使焊缝表面整齐美观；

（5）做好焊接技术交底，焊接过程中及时清理焊渣，检查焊缝，发现不符合要求的应及时补焊；

（6）钢筋焊接时，针对不同型号的钢筋调节电流，脱落的进行补焊；

（7）加强识图交底，质检人员要进行过程动态监督。

1.2.6 钢筋笼焊接不符合要求

1. 图片展示

图 1.2.11 焊缝不饱满、夹焊渣

图 1.2.12 正确作法

2. 质量问题分析

（1）焊工操作不当，焊接参数选择不合适；

（2）焊接电流过大，焊条角度不对或操作姿势不当也易产生这种缺陷；

（3）焊接电流过小，焊接速度太快，钝边太小，间隙过小或操作不当，焊条偏于坡口一边，均会产生未焊透现象；

（4）钢筋端头倾斜过大而熔化量不足，加压时融化金属在接头四周分布不均；

（5）钢筋未夹紧，顶压时发生滑移；

（6）夹具电极不干净。

3. 防治措施

（1）焊接时电流不宜过大，电弧不要拉得过长或过短，尽量采用短弧焊；

（2）掌握合适的焊条角度和熟练的运条手法，焊条摆动到边缘时应稍慢，使熔化的焊条金属填满边缘，而在中间则要稍快些；

（3）焊缝咬边的深度应小于 0.5mm，长度小于焊缝全长的 10%，且连续长度小于 10mm；一旦出现深度或长度超过上述允差，应将缺陷处清理干净，采用直径较小、牌号相同的焊条，焊接电流比正常的稍偏大，进行补焊填满；

（4）操作时电弧不能拉得过长，并控制好焊条的角度和运弧的方法；

（5）对已产生咬边部位，清渣后应进行补焊，根据焊接母材选择合适的焊接设备；

（6）焊条要有干燥恒温设备，在干燥室有去湿机、空调机，距地、墙不小于 300mm，建立焊条收发、使用、保管等制度（特别是对压力容器）；

（7）焊口边缘进行清理，排出水分、油污及杂物锈蚀；冬雨季施工应搭接防护棚，保证施焊环境；

（8）对有色金属和不锈钢施焊前，可在焊缝两侧线母材上涂以防护涂料作为保护；还可选择焊条和薄药皮焊条及氩气保护等方法，消除飞溅物和减少熔渣；

（9）焊工操作要求及时清理焊渣和防护。

1.2.7 钢筋笼骨架绑扎不符合要求

1. 图片展示

图 1.2.13 钢筋间距分布不均匀，部分钢筋间距过大

图 1.2.14 正确作法

2. 质量问题分析

（1）钢筋骨架外形不准；钢筋安装时有多根钢筋端部未对齐；绑扎时某根钢筋偏离规定位置；

（2）骨架钢筋交叉点绑扎欠牢或焊点脱落；

（3）未按图纸要求进行施工，存在偷工减料现象；

（4）施工的过程中管理人员没有严格把控。

3. 防治措施

（1）钢筋骨架成型施工前要按设计图纸的钢筋数量表核对钢筋类型、级别、尺寸，然后进行下料加工、拼装成型；

（2）结构梁、板、墙体主要受力钢筋连接必须采用焊接或机械连接，采用焊接接头时必须按施工条件进行试焊，合格后方可正式施工；

（3）钢筋骨架的加工成型应在牢固的工作台上进行，钢筋固定绑扎，铁丝必须扎紧，不得有滑动、折断移位，对重点部位及易变形部位按设计要求施以点焊；

（4）成型后的钢筋骨架或网片，必须具有足够的刚度和稳定性，保证在结构中安装及浇注混凝土时不松动、不变形，钢筋层间距不改变；

（5）钢筋骨架中扎筋或支撑筋应按图纸要求配制，不得遗漏或错位。扎筋、支撑筋应保持与主筋垂直，并牢固连接。

1.2.8　地下连续墙夹泥

1. 图片展示

图 1.2.15　混凝土夹泥土

图 1.2.16　标准地下连续墙墙面

2. 质量问题分析

（1）选择下料斗太小，首灌方量不足，未能及时将泥浆全部冲出，导管端部未全部被混凝土有效包裹，泥浆反灌；

（2）导管接头密封性差，导致泥浆渗入管内；

（3）槽段底部沉渣过厚；

（4）护壁泥浆性能差，导致护壁稳定性差，在浇筑的过程中孔壁塌陷，与混凝土混在一起形成夹泥；

（5）在浇筑的过程中有可能出现导管拔空，泥浆从导管底部进入混凝土内；

（6）混凝土未能连续浇筑，造成间断或浇灌时间过长，后浇筑的混凝土顶升时，与泥渣混合。

3. 防治措施

（1）在浇筑的过程中严格控制泥浆比重；

（2）下完钢筋笼及导管后及时进行二次清孔，保证灌注前沉渣满足要求；

（3）采用导管浇筑时，导管连接口应设置橡胶密封，在首次使用前应进行气密性试验，保证密封性能；

（4）开始浇筑混凝土时，导管应距槽底 0.3～0.5m，首批灌入混凝土量要足够，使其具有一定的冲击力量，能把泥浆从导管端挤散；

（5）导管插入混凝土深度保持在 2～6m，混凝土应连续浇筑，经常检测混凝土液面高度；

（6）浇灌中注意控制浇灌速度，经常用测锤（钟）测定混凝土上升面，根据测定高度，确定拔导管的速度和高度。

1.2.9 地下连续墙酥松、蜂窝、孔洞、露筋

1. 图片展示

图 1.2.17　浇筑后墙体露筋

图 1.2.18　标准地下连续墙墙面

2. 质量问题分析

（1）混凝土配合比不当，粗骨料级配不好；

（2）水泥质量不合格，使混凝土质量下降；

（3）混凝土缺乏良好的流动性，未采用导管抽插振捣；

（4）地下水位较高，流动性较好，浇筑混凝土时，水泥被地下水冲刷流失；

（5）槽段端部不垂直，接头倾斜，混凝土浇筑过程中在接头部位产生扰流泥浆，导致接头部位混凝土出现酥松、蜂窝、孔洞；

（6）钢筋垫块不足；

（7）冲孔成槽中，泥浆比重大、泥皮厚，钢筋被泥皮包裹。

3. 防治措施

（1）增设主筋垫块；

（2）钢筋笼除结构受力筋外，一般应加设纵向桁架和主筋平面内的水平与斜向拉条，并与闭合箍筋点焊成骨架。对较宽尺寸的钢筋笼应增设直径 25mm 的水平筋和剪力拉条组成的横向水平桁架，并按要求设置吊点，且有足够的刚度；

（3）吊点应均匀，绑扎点应不少于 4 点，对尺寸大的两槽段钢筋笼应不少于 6 点绑扎，使受力均匀，以避免变形；对已经造成尺寸偏差过大和已扭曲变形的钢筋笼应拆除，重新在平台上设卡板按尺寸绑扎，并按要求进行加固处理；

（4）严格控制混凝土配合比和泥浆参数；

（5）选择大斗、深埋管进行抽插振捣。

1.2.10　地下连续墙槽段接头漏水

1. 图片展示

图 1.2.19　基坑开挖后，在槽段接头处出现漏水、渗水、涌水现象

图 1.2.20　标准地下连续墙槽段接头墙面

2. 质量问题分析

（1）圆形锁扣管抽出后，形成半圆形光滑接头面，易与边槽段混凝土接触面形成渗水通道；

（2）先行幅连续墙接缝处成槽垂直度差，后行幅成槽时不能将接缝处泥土抓干净，导致接缝处夹泥；

（3）后行幅地下连续墙施工时，未对先行幅接缝侧壁进行刷壁施工或清除不彻底，导致该处出现夹泥现象；

（4）浇筑混凝土过程中产生冷缝或槽壁坍塌夹泥导致墙体渗漏；

（5）锁扣管在混凝土中拔断或拔不出。

3. 防治措施

（1）施工期间导墙（护筒内）的泥浆面应高出地下水位 1.0m 以上，在受水位涨落影响时，泥浆面应高出最高水位 1.5m 以上，且在容易产生泥浆渗漏的土层中应采取围护孔壁稳定的措施；

（2）混凝土灌注过程中，导管埋入混凝土的深度宜为 2～6m，严禁将导管提出混凝土灌注面，并应控制提拔导管速度；

（3）导管安放在桩孔时要上下抽动，检查是否有卡管现象，没有卡管现象才浇筑混凝土；

（4）灌注水下混凝土必须连续施工，并严格控制每车混凝土的坍落度，每幅墙（桩）的灌注时间应按初盘混凝土的初凝时间控制，对灌注过程中的故障应及时采取处理措施；

（5）导管使用前应试拼装、试压，试水压力可取为 0.6～1.0MPa，确保灌注水下混凝土时导管不渗漏；

（6）安放槽段锁扣管时，应紧贴槽段垂直缓慢垂放至槽底，对相邻墙段的接头面用刷槽器等方法进行清刷，要求槽段接头混凝土面不得夹泥沉渣；

（7）对有异常的接头，增加墙间止水的措施。

1.2.11 水下混凝土灌注夹渣及断桩

1. 图片展示

图 1.2.21 断桩

图 1.2.22 标准桩体

2. 质量问题分析

（1）地下连续墙（桩身）水下灌注成桩后，局部位置夹有泥土，严重的甚至导致断桩；

（2）浇筑混凝土未连续进行浇筑，滞留时间过长；

（3）槽底底部沉渣过厚；

（4）导管埋深太浅，在拔出导管的过程中脱离混凝土面；

（5）浇混凝土过程中塌孔。

3. 防治措施

（1）施工期间导墙（护筒内）的泥浆面应高出地下水位 1.0m 以上，在受水位涨落影响时，泥浆面应高出最高水位 1.5m 以上，且在容易产生泥浆渗漏的土层中应采取围护孔壁稳定的措施；

（2）混凝土灌注过程中，导管埋入混凝土深度宜为 2～6m，严禁将导管提出混凝土灌注面，并应控制提拔导管速度；

（3）导管安放在桩孔时要上下抽动，检查是否有卡管现象，没有卡管现象才浇筑混凝土；

（4）灌注水下混凝土必须连续施工，并严格控制每车混凝土的坍落度，每幅墙（桩）的灌注时间应按初盘混凝土的初凝时间控制，对灌注过程中的故障应及时采取处理措施；

（5）导管使用前应试拼装、试压，试水压力可取为 0.6～1.0MPa，确保灌注水下混凝土时导管不渗漏；

（6）控制泥浆比重，减少动载，预防塌孔。

1.2.12 水下灌注沉渣过厚

1. 图片展示

图 1.2.23　沉渣过厚

图 1.2.24　标准水下灌注桩墙体

2. 质量问题分析

（1）地下连续墙（桩身）水下灌注沉渣过厚；

（2）钢筋笼下放时由于卡笼，挂壁产生沉渣；

（3）钢筋笼下放过程中可能局部塌孔；

（4）浇筑前未进行二次清孔。

3. 防治措施

（1）在清孔过程中，应不断置换泥浆，并保持孔内浆液面的稳定，直至浇筑水下混凝土；

（2）加强沉渣清孔工作；孔壁土质较好时，可用空气吸泥机清孔；孔壁土质较差时，可用泥浆循环或抽渣筒清孔；此外，清孔后应加强对沉渣厚度的检测，符合要求后再浇筑混凝土；

（3）严格控制泥浆参数；清孔后距孔底 0.5m 内的泥浆比重应小于 1.10，黏度不得大于 25s，含砂率不大于 4%；

（4）运输材料、吊运钢筋笼、浇筑混凝土等作业，应防止扰动和碰撞孔壁导致土体坍塌落入桩底；开始灌注混凝土时，导管底部至孔底的距离宜为 300～500mm，并应有足够的混凝土储备量，导管一次埋入混凝土灌注面以下不应小于 0.8m；

（5）下完钢筋笼检查沉渣量，并用导管进行二次清孔。

1.3 围护桩常见质量通病

1.3.1 桩孔偏移倾斜

1. 图片展示

图 1.3.1　钻孔桩倾斜

图 1.3.2　标准钻孔桩

2. 质量问题分析

（1）钻（冲）孔灌注桩桩身成孔后不垂直，出现较大的垂直度偏差和桩位偏移；

（2）钻进中遇较大孤石、探头石和局部坚硬土层；

（3）钻机安装不平或钻台下有虚土，产生不均匀沉降；

（4）护筒设置偏斜，钻杆弯曲，主动钻杆倾斜；

（5）桩架不稳，钻杆导架垂直，钻机磨损，部件松动；

（6）测量放线没有引桩，固定桩点破坏；振机就位后没有进行二次复核。

3. 防治措施

（1）施工场地应平整，桩基底座安置要水平、牢固，防止产生不均匀下沉，并及时对桩架进行垂直和水平校正；

（2）进入有倾斜面的软硬交互地层、岩石倾斜面，冲孔时采取低锤密击，使孔底保持平整；钻进时吊住钻杆控制进尺，低速钻进，穿过此层后再正常钻进；或回填片、卵石后再钻（冲）进；

（3）发现探头石、孤石、漂石后，冲孔时应采取低锤密击，将石打碎；钻孔时宜用钻机钻透或回填黏土、碎石，待沉积密实后再继续钻进；

（4）当在软土层钻进时，应根据泥浆补给情况控制钻井速度；在硬层或岩层中的钻井速度应以钻机不发生跳动为准；同时控制钻（冲）进速度，每 4～5m 检查一次桩孔垂直度；

（5）若发现桩孔倾斜过大，钻孔时应控制钻速，并在倾斜处慢速提升下降反复扫孔纠正，严重倾斜时，应填入石子、黏土，重新钻进；冲孔时可填入片石至偏孔上方 300～500mm 处，重新冲进。

1.3.2 放样点位偏差

1. 图片展示

图 1.3.3 桩间间距过大

图 1.3.4 标准桩间间距

2. 质量问题分析

(1) 点位偏差过大导致桩间间距过大,影响施工后桩位准确程度;

(2) 钻(冲)孔灌注桩桩身成孔后不垂直,出现较大的垂直度偏差和桩位偏移;

(3) 定位桩未引辅桩,桩基就位后未复测。

3. 防治措施

(1) 专业测量人员要根据施工图纸所提供的数据进行放样;

(2) 根据地质条件选择正确的施工工艺;

(3) 控制钻孔时钻锤的垂直度;

(4) 做好列桩及二次复核。

1.3.3 成孔质量差

1. 图片展示

图 1.3.5　成孔质量差　　　　　　　　图 1.3.6　标准灌注桩

2. 质量问题分析

（1）控制得不好，可能会发生塌孔、缩径、桩孔偏斜及桩端达不到设计持力层要求等，还将直接影响桩身质量和造成桩承载力下降；

（2）隔孔施工，钻孔混凝土灌注桩先成孔，然后在孔内成桩，周围土移向桩身土体对桩产生动压力；尤其是在成桩初始，桩身混凝土的强度很低，且混凝土灌注桩的成孔是依靠泥浆来平衡的，故采取较适应的桩距对防止塌孔和缩径是一项稳妥的技术措施；

（3）地质原因导致偏孔、塌孔。

3. 防治措施

（1）先探明桩孔位置的地下情况，如有浅埋老基础、大块石、废铁等障碍物应先挖除或采取其他措施；

（2）当桩孔净距过小时，应采取间隔跳跨施工，防止孔内串穿影响施工质量；

（3）在易坍塌的地层中施工，应用泥浆进行护壁；

（4）施工中应尽量不间断，不得中途无故停钻；

（5）在钻到设计深度时，应用探测器检查桩孔直径、深度和孔底情况，将回落土及淤泥清理干净。

1.3.4 钢筋笼加工质量差

1. 图片展示

图 1.3.7　焊接电流过大，烧伤主筋　　　　图 1.3.8　焊缝饱满

2. 质量问题分析

（1）焊接人员操作不当；

（2）钢筋在加工的过程中未按设计图纸要求进行加工；

（3）钢筋套筒连接不稳定，漏丝过多。

3. 防治措施

（1）加强培训，召开钢筋笼专题制作质量专题会议；

（2）制作刚度大、精准度高的胎架；

（3）制作钢筋定位卡；

（4）长线法施工；

（5）规范钢筋笼抄垫，制作运输胎架；

（6）将桩头钢筋套入 PVC 管；

（7）持证上岗；

（8）做好焊接技术交底，焊接过程中及时清理焊渣、检查焊缝，发现不符合要求的及时补焊；

（9）钢筋焊接时，针对不同型号的钢筋调节电流，脱落的进行补焊；

（10）焊接作业人员必须自检。

1.3.5 泥浆制备不满足要求

1. 图片展示

图 1.3.9 泥浆比重不符合要求

图 1.3.10 泥浆比重重新配比结果

2. 质量问题分析

（1）泥浆比重和黏度不符合要求，导致泥浆护壁过厚或塌孔；

（2）清孔不到位，导致沉渣过厚，影响灌注桩承载能力；

（3）浇筑混凝土前，对槽段内的泥浆未更换新浆。

3. 防治措施

（1）膨润土必须充分水化搅拌，保证浆体均匀一致。造浆后 24h 方可使用，保证膨润土的充分水化，泥浆各项指标符合要求；

（2）泥浆絮凝或沉淀过多时，泥浆必须用空压机逆风反复搅动，符合要求后才可送入孔内使用，否则势必会造成孔内沉渣过多或其他孔内事故；

（3）开孔前泥浆总量应达到设计方量的 1.5 倍左右方可开钻，质检员、技术员要随时观察泥浆性能的变化，及时检测泥浆的性能；

（4）施工中做好现场泥浆配置、排污、更换工作，设专人进行泥浆管理，保证泥浆比重在 1.05～1.20 之间。随时跟踪、检查循环池内泥浆比重、黏度，确保钻进的需要；对于固相含量过高，比重、黏度超过规定值，不宜稀释处理的废浆应及时排运出场外处理；

（5）当地下水位较高时，为保证钻孔过程不坍塌、缩孔，必须保证孔内水头，且要将泥浆比重调大。在钻进过程中，要及时补浆，确定钻进过程中的水头高度；

（6）终孔后，停止进尺，稍提钻锥离孔底 10cm～20cm 空转，并保持泥浆正常循环，以中速将相对密度 1.03～1.10 的较纯泥浆压入，把钻孔内悬浮钻渣较多的泥浆换出。使清孔后泥浆的含砂率降到 2% 以下，黏度为 17s～20s，相对密度为 1.03～1.10，且孔底沉淀土厚度不大于设计规定的量值时，即可终止清孔，根据钻孔直径和深度，换浆时间约为 4h～8h（直径 1.5m，深 55m 的孔需 8h）。

1.3.6 桩底沉渣过厚

1. 图片展示

图 1.3.11 桩底沉渣

图 1.3.12 正常桩底

2. 质量问题分析

（1）清孔不彻底，岩渣粒径过大，清孔的泥浆无法使其呈现悬浮状态并带出桩孔，成为永久性沉渣；

（2）清孔后的泥浆密度过大，以致在灌注混凝土时，混凝土冲击力不能完全将桩孔底部的泥浆泛起，造成混浆；

（3）清孔之后到混凝土灌注时间过长；

（4）灌注混凝土的导管下端距离桩孔底部较高，或混凝土坍落度较小，流动性差，影响了混凝土冲击力对桩孔底部泥浆的泛起效果，并可能造成初始灌注的混凝土无法包裹住导管的下端，造成混浆和夹层；

（5）吊装钢筋笼时刮到护臂的泥皮，未进行二次清孔换浆。

3. 防治措施

（1）认真检查清孔阶段的岩渣料径，以及清孔后的泥浆密度；

（2）严格控制好清孔后的滞留时间，若时间过长，应用灌注混凝土的导管重新清孔，再进行水下混凝土浇筑；

（3）严格控制导管下端到桩孔底部的距离，通常为 30cm 左右，不应超过 50cm。确保混凝土初始灌注量能盖过导管下端，使导管的初始埋置深度不小于 1m；

（4）严格控制好混凝土的坍落度，确保其流动性；经常清理导管内壁，避免初始混凝土灌注时活塞在导管中下落不畅，造成导管堵塞，影响桩芯混凝土的灌注质量；

（5）吊装钢筋后要进行清孔换浆，检测合格再浇筑混凝土；

（6）对桩底沉渣过厚而影响质量时，常用的有效处理方法是利用抽芯检测的抽芯孔或超声探测的探测管作通道，采用高压灌浆对桩底进行补强。

1.3.7 水下混凝土浇筑常见问题

1. 图片展示

图 1.3.13 混凝土和易性较差

图 1.3.14 正常混凝土和易性

2. 质量问题分析

（1）混凝土中粗、细骨级配质量差，空隙过大，配合比砂率过小，难以将混凝土振捣密实；

（2）水胶比和混凝土坍落度过大，在运输过程中砂浆和石子离析，浇筑过程不易控制其均匀性；

（3）混凝土搅拌时间不够，没有搅拌均匀；

（4）在拌制的过程中未严格按设计配合比进行配制；

（5）灌注水下混凝土不连续，在导管中停留时间过长，引起导管卡管，成桩质量差；

（6）初始混凝土灌注量偏小，管口距离槽底间距大。

3. 防治措施

（1）严格按设计或规范控制混凝土坍落度，尽量延长混凝土初凝时间（如加缓凝剂，尽量用卵石，加大含砂率，控制石料量大粒径）；

（2）浇筑混凝土前，应检查导管、混凝土罐车、搅拌机设备是否正常，并有备用的设备、导管，确保能连续浇筑；

（3）随灌混凝土随提升导管，做到连灌、勤测、勤拔管，随时掌握导管埋入深度，避免导管埋入过深或过浅；

（4）采取措施，避免导管卡挂钢筋笼；避免出现堵导管、埋导管、浇筑中塌孔、导管进水等质量问题；

（5）严格控制导管下端到桩孔底部的距离，通常为30cm左右，不应超过50cm。确保混凝土初始灌注量能盖过导管下端，使导管的初始埋置深度不小于1m。

1.3.8 止水帷幕质量差

1. 图片展示

图 1.3.15 未及时对桩间网堵漏

图 1.3.16 及时对桩间网堵漏

2. 质量问题分析

（1）封闭结构渗水或漏水的主要原因为孔位偏差大、钻孔倾斜偏大，或桩体直径不均匀、桩间间隙大；

（2）高压旋喷桩与支护贴合不紧密，基坑开挖过程中出现渗水现象，引起坑外土体掏空，造成周边建（构）筑物的安全隐患；

（3）高压旋喷桩提升速度计水泥掺量控制不当，造成止水帷幕薄弱点，随着基坑开挖，在高水头压力条件下破坏形成渗漏点；

（4）基坑开挖时，未及时对桩间进行挂网封堵。

3. 防治措施

（1）桩身误差≤50mm，钻孔垂直度偏差＜1.0%；

（2）桩顶冠梁顶面0.7m，端底穿过粉质黏土、粉土、粉砂互层以下1m；

（3）喷射过程中因故停浆，重新喷射时桩体搭接长度≥30cm；

（4）喷浆结束后，要对注浆孔进行二次回灌，防止旋喷桩体因水泥浆固结出现顶部凹陷，达不到设计桩顶标高；

（5）采取质量控制措施（现场进行抽水观测试验，根据试验结果对设计指标进行探讨）；

（6）基坑开挖中，对桩间随挖随挂网支护。

1.4 基底加固常见质量通病

1.4.1 软基地质加固质量差

1. 图片展示

图 1.4.1 桩体断裂

图 1.4.2 桩体断裂

2. 质量问题分析

（1）加固工艺、设备选择不对；

（2）产生断桩的主要原因为喷射管分段提升时，接头处搭接长度不够，甚至没有搭接；

（3）旋喷浆压力骤降或骤升，主要原因为注浆泵工作不正常，吸浆管进浆不正常，注浆管有泄漏或堵塞的地方，人员控制压力不熟练等；

（4）孔口大量冒浆的主要原因为喷浆管密封不良，土层密实度大，浆液切割土体范围小；

（5）桩体截面抗压强度偏低的原因主要是水泥含量小、土砂含量大、喷浆水量大、提升速度过快等；

（6）在地层浅部，高压旋喷桩注浆压力等参数控制不当，造成地表土体隆起，危及地下管线的安全。

3. 防治措施

（1）在正式旋喷前，应当依据设计要求和现场条件做试桩，经过抽芯确认，以选择合理的机械和确定喷射参数；

（2）在喷射注浆施工前，应当先进行压气、压浆、压水试验，避免因机械设备故障造成桩体中断；

（3）在水泥浆搅拌过程中，应用筛网过滤，及时清除水泥团块、水泥包装塑料袋等杂物，避免因此造成工作不正常或管路堵塞；

（4）在喷射注浆过程中，应当切实注意检查浆液初凝时间、注浆量、风量、压力、回转速度与喷射速度等是否符合要求；

（5）对容易出现缩径部位如遇坚硬状黏性土，应采取不提升旋转喷射或复喷方法扩大旋喷桩直径；

（6）严格控制好水泥浆液的水灰比和稠度，保证桩身的强度：

① 摸清加固土体岩石特性，可通过在加固地区布设并施工数个勘察孔的方法抽样被加固土体的岩土特性，初步确定水灰比及单位桩体体积用的水泥量；

② 最好在初步确定的水灰比上下偏 0.2 做两组不同的水灰比试桩，试桩经 48h 后开挖目测或做单轴无侧限抗压试验，推算最终强度值，以确定水泥水灰比和桩体水泥掺入量；

③ 软弱地基试桩应提前做（多数情况下加大水泥用量或采取经验数值确定水灰比）。

1.4.2 搅拌桩施工质量缺陷

1. 图片展示

图 1.4.3　桩体断裂（一）

图 1.4.4　桩体断裂（二）

2. 质量问题分析

（1）出浆口位置在搅拌轴上，浆液多集中在喷浆口的桩轴附近，叶片外缘缺浆，形成水泥浆富集；

（2）喷浆方式不合理，在首次下沉切土搅拌时喷浆和最后一次提升时喷浆；

（3）喷浆后水泥土搅拌次数不足；

（4）喷浆提升速度过快，搅拌次数不足，叶片数量过少，电机功率偏低，搅拌轴上下循环的搅拌次数偏少。

3. 防治措施

（1）将搅拌叶片由 2 层 4 片增加至 3 层 6 片，各层叶片间互成 60°夹角；

（2）出浆口宜设置在搅拌叶片中部；

（3）提升搅拌杆的卷扬机要采用调速电机；

（4）严格控制喷浆、提升速度，不能过大，一般控制在 0.5m/min；

（5）增加喷浆次数，对规范中的 2 上 2 下工艺中仅第一循环提升喷浆方式，再增加第二循环下沉喷浆；

（6）在桩底适当注浆，当首次搅拌至桩底时，原地喷浆搅拌 1min；

（7）当桩长大于 15m 时应将搅拌电机功率由 37kW 提高至 55kW，以保证搅拌轴的转速和叶片的切土能力。

1.4.3 高压旋喷桩施工质量缺陷

1. 图片展示

图 1.4.5 桩体断裂

图 1.4.6 桩体偏移

2. 质量问题分析

（1）高压旋喷桩与支护贴合不紧密，基坑开挖过程中出现渗水现象，引起坑外土体掏空，造成周边建（构）筑物的安全隐患；

（2）高压旋喷桩提升速度过快，水泥掺量少，造成止水帷幕加固整体质量差；

（3）施工期间受周边管线制约，高压旋喷桩注浆压力等参数优化不当；

（4）垂直度控制不到位，倾斜过大；

（5）水泥用量不足，旋喷压力小。

3. 防治措施

（1）加强对高压旋喷桩平面定位和垂直度控制，必要时采取预先引孔措施，对于邻近变形较敏感的区域采用连续高压旋喷桩止水；

（2）施工前做好试桩工作，以确定实际水泥投放量、浆液水灰比、浆液泵送时间、垂直度控制方法，以便确定高压旋喷桩的正常施工控制标准，确保有效地止水；

（3）在高压旋喷桩施工工程中，应加强对周边环境的变形监测及巡视工作，合理调整施工工艺参数；建议止水帷幕薄弱点处基坑外侧布置水位观测井；

（4）如出现渗水情况时，可根据出水的浑浊情况采取堵、引相结合的方法处理；

（5）如基坑涌砂现象严重，坑内应采取覆土反压措施抬高水位，并根据回灌井与渗漏点的空间位置条件，将外侧回灌井作为短期控制性降水井使用，降低坑内外水头差，然后采取注水泥浆或环氧树脂系胶结剂等方式封堵坑内渗漏点。

第 2 章　明挖车站主体工程质量通病及防治措施

2.1 车站地基基础工程

2.1.1 基底泡水造成地基承载力降低

1. 图片展示

图 2.1.1 基底泡水　　　　　　　　图 2.1.2 基底无积水

2. 质量问题分析

（1）开挖基坑未设排水沟或挡水堤，地面水流入基坑内；

（2）地下水位未按要求降至开挖面以下；

（3）开挖过程中未连续降水，导致水位上涨至基底面以上；

（4）最后一层土方设人工开挖，机械碾压变软；

（5）烂泥浮浆未处理，直接施工垫层；

（6）降水井沉渣段不够长，基坑收底时，管内已积淤无法抽水降水。

3. 防治措施

（1）在开挖前，在基坑周边设置排水沟或挡水堤，尽量设置透水管进行引水处理；

（2）开挖前将地下水位降至基底以下 50cm；

（3）开挖过程中，降水应同步进行，把地下水位控制在基底以下；

（4）底部降水无法达到要求时，雨天降雨时，可采用坑内明沟（盲沟）有组织收集、排水，确保坑内基底无积水；

（5）基坑开挖收底，早施作垫层，不必强调一整段（20m）才打垫层，6m、8m 处可打设垫层，减少泡水时间；

（6）最后一层土方人工开挖，清理干净基底浮浆及烂泥，必要时进行换填。

2.1.2 地基土扰动

1. 图片展示

图 2.1.3　土体扰动　　　　图 2.1.4　地基基础

2. 质量问题分析

（1）基坑开挖时积水，被雨水、地表水或地下水浸泡；

（2）基坑挖好后，未及时进行垫层浇筑，机械、车辆及工人在基土上来回行走，造成扰动；

（3）基底超挖，后又回填，改变了原状土的物理性能，变成了扰动土；

（4）基底下翻梁开挖，扰动基底土体；

（5）未进行降水或降水效果差。

3. 防治措施

（1）基坑四周做好降排水措施，降水工作应持续到基坑回填土完毕；土方开挖应连续进行，尽量缩短施工时间。雨季施工基坑开挖后不能及时进入下道工序时，可在基底标高以上留 30cm 的土不挖，待下道工序开工前再挖除。采用机械挖土时，应在基底标高以上留一定厚度的土采用人工挖土；

（2）严格控制基底标高，如个别地方发生超挖，严禁用虚土回填，处理方法应经设计单位同意方可实施；

（3）设计降水方案，做好降水，持续降水，不要形成水位反复起落；

（4）基底四周分段埋透水管，疏排基底的积水；

（5）施工图审查时注意下翻梁部位，针对软土、敏感土层（花岗岩残积层）建议能改上翻梁的尽量改为上翻梁。

2.2 车站综合接地工程

2.2.1 接地端子焊接不饱满

1. 图片展示

图 2.2.1 接地挖槽深度不符合设计要求图

图 2.2.2 接地挖槽深度符合要求图

2. 质量问题分析

（1）接地焊接焊缝不饱满或过焊；

（2）挖槽深度达不到设计要求。

3. 防治措施

（1）施工前做好技术交底工作，加强现场技术管理工作，严格按照设计要求施工，做好成品保护工作避免接地端子被破坏；

（2）严格检查焊缝质量，每缝必检；

（3）选择合适的设备及焊接技术。

2.2.2 接地电阻实测值偏大

1. 图片展示

图 2.2.3　接触网接地电阻大于 1 欧

图 2.2.4　接触网接地电阻小于 1 欧

2. 质量问题分析

（1）接地埋设深度达不到设计要求；

（2）接地体使用材质不满足设计要求；

（3）地质条件干燥，接地电阻达不到要求；

（4）基底扰动、超挖，换填粗骨料，导电差。

3. 防治措施

（1）对进场的接地材料进行取样送检，检测合格后方可使用；严格检查接地网各连接点，保证焊接质量；

（2）接地网采用分段施工，阶段性施工结束后，应及时进行电阻测量。电阻值不能满足设计要求时，汇同设计人员协商，在余下部分接地网敷设中采用相应补救措施；

（3）采用降阻剂或加大接地面积。

2.3 车站防水工程

2.3.1 防水基面凹凸不平整

1. 图片展示

图 2.3.1 防水基面不平

图 2.3.2 防水基面处理后

2. 质量问题分析

（1）基坑开挖后，连续墙基面凿除未测量放线控制；

（2）对局部凸起物未实施清除，清查不彻底；

（3）对阴阳角部位，隆起、凹陷部位未处理；

（4）管理人员意识淡薄，未复查基层并验收。

3. 防治措施

（1）基坑开挖后，测量人员应及时复测基面的垂直度和平整度，挂线布点控制基面的平整；

（2）清查基面情况，对基面所有的凸起物凿除；所有阴阳角部位用水泥砂浆做成 $R=5cm$ 的圆角或 50mm×50mm 的倒角；

（3）加强质量管控体系，落实质量责任，基层必须验收合格后方可实施下道工序；

（4）严格控制侧墙轴线，对侵入主体结构的混凝土必须破除。

2.3.2 防水卷材板空鼓

1. 图片展示

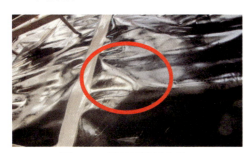 

图 2.3.3　卷材铺设后空鼓　　　　图 2.3.4　卷材平铺后效果

2. 质量问题分析

（1）防水基面鼓包处处理不当，凹凸不平；

（2）卷材铺设未平展开，作业人员随意施工，空鼓与基面不紧贴；

（3）局部卷材热作业未采取措施固定，随意熔接；

（4）立墙卷材的铺贴时未将防水卷材用钉子固定，导致热作业容易造成铺贴不实不严密。

3. 防治措施

（1）基面应凿除平整，对局部隆起尺寸控制在设计尺寸内，凹陷部位应采取水泥砂浆找平；

（2）铺设卷材前 1～2d，喷或刷 1～2 道冷底子油，保证卷材和基层表面有效粘结；

（3）卷材铺平并紧贴基面，防水作业人员应满足要求，卷材应展开充分，每幅卷材采用不少于 3 个带垫片的钉子固定。

2.3.3 防水卷材搭接处漏焊、脱焊

1. 图片展示

图 2.3.5　防水卷材漏焊　　　　图 2.3.6　底板防水卷材焊接无漏焊

2. 质量问题分析

（1）搭接宽度不符合要求，焊接时加热不足及烧穿卷材，焊接处存在漏焊；

（2）卷材表面热熔后未立即滚铺，排除内部空气，导致焊接部位不牢固；

（3）在钢筋绑扎作业过程中，对防水材料保护不到位；

（4）卷材铺设中富余度不足，浇筑混凝土时造成防水卷材开裂；

（5）作业人员经验不足，技术交底不到位，质量管控不到位，有问题未及时修复。

3. 防治措施

（1）防水施工必须由相应资质单位进行施工，焊接施工前应做好技术交底工作，焊接前应对焊接机焊口均匀加热，焊缝过程中应匀速进行，避免漏焊；

（2）浇筑混凝土时，应复查防水卷材的固定部位，并安排专业人员现场指挥，发现脱焊、脱落的部位及时修补；

（3）对防水板搭接焊的焊缝进行气密性试验；

（4）在进行防水卷材热熔焊时，接缝部位应溢出热熔的改性沥青胶料，并粘贴牢固，封闭严密；

（5）在钢筋绑扎作业过程中，需加强对防水保护层的保护，加强现场作业人员的质量控制意识。

2.3.4 卷材焊接及搭接长度不符合要求

1. 图片展示

图 2.3.7　侧墙防水卷材长度不够脱焊　　　图 2.3.8　防水卷材搭接长度满足 100mm

2. 质量问题分析

（1）防水卷材下料时，未仔细查验现场情况，下料后的卷材尺寸难以满足搭接要求；

（2）铺贴后的卷材没有排除卷材下面的空气，粘结不牢固，焊接时出现移位，长度低于 10mm；

（3）卷材铺设时不平整，不顺直，上下搭接尺寸不一致；

（4）施工作业人员较随意，技术管理不到位，现场管理不善，过程控制不到位。

3. 防治措施

（1）下料卷材时，应仔细核查现场情况和比对图纸，留足搭接尺寸，纵向焊接边不少于 100mm，横向粘结长度不少于 400mm；

（2）铺设时应上下对其铺设，保证顺直平整，排除卷材下面堆积的空气，并辊压粘结牢固，不得有空鼓；

（3）落实施工技术交底，加强现场施工管理力度，注重过程控制。

2.3.5 中埋式橡胶止水带安装不符合要求

1. 图片展示

图 2.3.9　防水中埋止水带绑扎搭接　　　　图 2.3.10　止水带热搭接

2. 质量问题分析

（1）对橡胶止水带认识不到位，成品保护不到位，开料随意，接头处污染破损；

（2）橡胶止水带施工完毕后，未形成整体结构，受力不均匀，接头处后期容易脱离；

（3）搭接施工工人较随意，止水带中间搭接长度不满足长度 150mm 要求；

（4）作业人员不具备相应资质，技术交底不到位，质量管控体系散漫，为节省时间直接用铁丝绑扎。

3. 防治措施

（1）防水施工必须由相应资质单位进行施工，热焊机操作人员持证上岗；

（2）在混凝土结构变形缝处，中埋式止水带应沿结构厚度的中心线将止水带的两翼分别埋入结构中，中孔中心对准变形缝中央，满足橡胶止水带接头搭接长度不少 15cm；

（3）焊接施工前应做好技术交底工作，焊接前应对焊接机焊口均匀加热，焊缝过程中应匀速进行，避免漏焊；

（4）止水带的接头部位采用对接的方法，接头处选在结构应力较小的部位，接头应设置在边墙较高位置上，不得设置在结构转角处，并安排专业人员现场指挥。

2.3.6　止水钢板焊接不符合要求

1. 图片展示

图 2.3.11　止水钢板未满焊

图 2.3.12　满焊照片

2. 质量问题分析

（1）焊接工艺差，焊缝不饱满，存在漏焊、过焊等焊接问题；

（2）钢板搭接长度不符合要求，钢板存在变形、翘曲等问题；

（3）未对钢板进行放样，接缝处拼接不齐；

（4）焊接成品后，未有效保护，工人在上面行走或浇筑混凝土时，钢板发生偏位。

3. 防治措施

（1）钢板焊接必须是持证上岗人员，且技术熟练；

（2）止水钢板搭接至少 50mm 以上且需满焊；

（3）止水钢板必须埋置在施工缝中线上，且必须顺直；

（4）止水钢板的"开口"必须朝上迎水面，方向应正确；

（5）采用钢筋将钢板与主筋进行连接固定，避免浇筑混凝土时发生偏位。

2.3.7 结构预埋件部位渗漏水

1. 图片展示

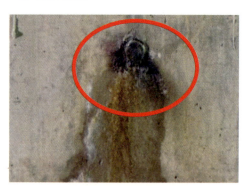 

图 2.3.13 预埋件处渗漏水　　　　图 2.3.14 墙体预埋螺杆

2. 质量问题分析

（1）操作中忽视预埋件周边的处理，压抹不仔细，底部出现漏抹现象；

（2）没有认真清除预埋件表面的腐蚀层，防水层和预埋件接触不良，周边防水层出现裂缝；

（3）混凝土结构穿管，管未设置止水钢板环或焊接时没有满焊，出现孔隙发生渗漏；

（4）预埋件在施工期间，受热、受振，和周边防水层接触处发生裂隙形成渗漏。

3. 防治措施

（1）施工中，预埋件必须牢靠，并加强对预埋件周围混凝土的浇筑质量，加强对预埋件的保护，避免碰撞；

（2）做好预埋件表面的除锈处理，对防水层和预埋件接触部位应仔细检查，并用水灰比 0.2 左右素浆嵌实，并涂抹防水层；

（3）对穿墙管必须设置止水钢板，焊接时应满焊，止水板应和墙面平行，不得弯曲倾斜。

2.3.8 防水板损坏

1. 图片展示

图 2.3.15　烤焦、焊穿的防水板　　　　图 2.3.16　保护完好的防水板

2. 质量问题分析

（1）作业人员不具备操作资质，工人对防水工艺不熟悉，施工人员现场监管不到位；

（2）PVC防水板施工缺少足够高度的施工平台，工人作业时操作困难，导致局部焊接过度致烧伤；

（3）结构钢筋头露出，钢筋布设时，未进行保护或切割，施工时不慎刺穿防水板。

3. 防治措施

（1）防水施工必须由相应资质单位进行施工，加强作业人员的技术培训；

（2）采取预防措施防水板烤焦、焊穿时应予补焊，且用同种材料覆盖焊接；

（3）钢筋焊接作业时，应设临时挡板防止机械损伤和电火花灼伤防水板；

（4）用套筒包住直接对向防水板钢筋头，避免损伤防水板。

2.3.9 涂料油毡隔离层粘贴不密实

1. 图片展示

图 2.3.17 油毡粘贴不密实

图 2.3.18 顶板防水施工

2. 质量问题分析

（1）油毛毡隔离层未粘贴牢固，容易移动；
（2）油毛毡未摊铺平整；
（3）涂料保护层混凝土浇筑厚度不够；
（4）基面没找平或基面积水渗水。

3. 防治措施

（1）采用粘接剂将油毛毡与涂料粘接牢固；
（2）油毛毡摊铺平展开来，不能有空鼓、皱褶；
（3）涂料保护层厚度应满足设计要求；
（4）油毛毡张铺好后，人和机械不得在其上面践踏破坏；
（5）浇筑混凝土保护层时注意保护好油毛毡隔离层；
（6）基面找平后施工防水层，并且对结构渗水必须疏排干燥后再施工。

2.3.10 止水钢板安装不当

1. 图片展示

图 2.3.19 设置方向错误

图 2.3.20 包围面向外侧

2. 质量问题分析

（1）审查图纸不严，没有严格按照图纸和方案要求施工；

（2）止水钢板入模疏忽，没有对安装人员进行认真交底；

（3）浇筑混凝土没有埋住止水钢板或把止水钢板全部埋住；

（4）焊接成品后，未有效保护，且未采取有效的定位措施，导致工人在上面行走或浇筑混凝土时，钢板发生偏位；

（5）在转角部位安装时，钢板焊接不到位，且割除柱子主筋的部位，未将箍筋与止水钢板进行焊接。

3. 防治措施

（1）仔细审查图纸，按照设计图纸说明和大样要求施工；

（2）施工操作前，应对操作人员进行专门的技术交底，或在止水钢板上挂标识牌，提醒操作人员注意，检查时应重点检查；

（3）作好焊接固定，混凝土的收口混凝土标高严格控制；

（4）采用小钢筋头将钢板与结构钢筋进行连接固定（进行定位焊接时不得将结构钢筋烧伤），避免浇筑混凝土时发生偏位；

（5）在转角部位时，钢板应采用 T 型焊接，且对割除主筋的部位，应将该区域内柱子的箍筋点焊至钢板上，并在上下部位加密箍筋。

2.3.11 顶板防水涂层起泡、起砂

1. 图片展示

图 2.3.21 顶板防水基面未清理

图 2.3.22 基面平整涂刷涂料后照片

2. 质量问题分析

（1）顶板混凝土未收面或收面质量较差；

（2）混凝土浇筑完成后，基面遭外部环境污染；

（3）混凝土保护不到位，有垃圾、零碎木屑、钢筋头等破坏混凝土面完整性；

（4）顶板积水未清洁干净就施作防水层。

3. 防治措施

（1）顶板混凝土收面平整、光滑，并及时覆盖保护；

（2）混凝土养护应及时到位，避免出现裂纹；

（3）严禁混凝土、水泥浆等污染基面；

（4）顶面混凝土渣、木屑等应处理干净，对凹凸不平部位打磨，保证基面平整、干燥、干净；

（5）施作防水涂料前，注意天气预报，基底清洁并用大功率风筒吹扫一次，之后连续施作涂料层。

2.3.12 顶板防水涂层厚度不均

1. 图片展示

图 2.3.23 测量防水涂料厚度

图 2.3.24 顶板防水涂料成型照片

2. 质量问题分析

（1）涂料涂刷次数偏少，每次涂刷的厚度较薄；
（2）涂料涂刷不均匀，调料不均匀；
（3）基面不平整，局部厚度达不到设计要求；
（4）对阴阳角等特殊部位未进行细部处理。

3. 防治措施

（1）涂刷遍数不得少于设计及规范要求；
（2）现场准备足够多的涂料，不得偷工减料；
（3）及时检查厚度，厚度不够时增加涂刷次数；
（4）应保证基面压光抹面、平整、干燥、干净；
（5）阴阳角应做成圆弧形，并应增涂防水涂料。

2.3.13 顶板外包防水预留长度不足

1. 图片展示

图 2.3.25 侧墙预留防水卷材长度不足

图 2.3.26 顶板防水涂料涂刷

2. 质量问题分析

(1) 防水卷材开料不足，侧墙防水卷材预留长度不够；
(2) 工序衔接不当，顶板施工时间拖延过长，卷材变形；
(3) 防水卷材保护不到位，材料、散料堆压；
(4) 侧墙卷材与顶板隔离层搭接不够，固定措施不到位。

3. 防治措施

(1) 顶板和侧墙交接处卷材应预留足够长度；
(2) 侧墙施工完后，应及时施工顶板，避免拖延过长；
(3) 采用水泥钉对防水卷材边口固定，防止摊铺不平；
(4) 对防水卷材与油毛毡接口上方增加一层附加自黏性防水卷材，两边口用密封胶进行密封处理。

2.3.14 防水层阴阳角细部处理不符合要求

1. 图片展示

图 2.3.27　阴阳角部位渗漏　　　　图 2.3.28　阴阳角部位有效防止渗漏措施

2. 质量问题分析

（1）阴角部位受外侧压力较大，导致囤积积水，阴角潮湿发生裂缝；

（2）阳角未做成圆弧处理，防水卷材或涂层被磨损或损伤，发生渗漏；

（3）阴阳角防水施工不便，工人作业时施工粗糙，未实施防水附加层处理，施工质量存在缺陷，后期渗漏；

（4）新旧混凝土交接面没处理，接缝漏浆或不密实。

3. 防治措施

（1）阴角部位施工时应仔细振捣混凝土，避免漏振动导致局部存在缝隙；

（2）阳角做成圆弧状，避免出现隆起物，宜用水泥砂浆后期抹圆弧；

（3）加强过程控制，落实技术交底要求，及时巡视检查，工序分段验收；

（4）新旧混凝土交接面要凿毛处理接缝。

2.4 车站脚手架模板工程

2.4.1 模板轴线偏差大

1. 图片展示

图 2.4.1 模板轴线出现偏差　　　　图 2.4.2 模板轴线定位固定

2. 质量问题分析

（1）测量放样不认真或技术交底不清，模板拼装时组合件未能按规定到位；

（2）标高轴线放样产生误差；

（3）墙、柱模板根部和顶部无限位措施或限位不牢，发生偏位后又未及时纠正，造成累积误差，活动端伸出过长，刚度不足；

（4）支模时，未拉水平、竖向通线，且无竖向垂直度控制措施；

（5）模板刚度差，未设水平拉杆或水平拉杆间距过大；

（6）混凝土浇筑时未均匀对称下料，或一次浇筑高度过高造成侧压力大挤偏模板；

（7）对拉螺栓、顶撑、木楔使用不当或松动造成轴线偏位。

3. 防治措施

（1）模板标高轴线测放后，组织专人进行技术复核验收，确认无误后才能支模；

（2）墙、柱模板根部和顶部必须设可靠的限位措施，如采用现浇楼板混凝土上预埋短钢筋固定钢支撑，以保证底部位置准确；

（3）支模时要拉水平、竖向通线，并设竖向垂直度控制线，以保证模板水平、竖向位置准确；

（4）根据混凝土结构特点，对模板进行专门设计，以保证模板及其支架具有足够强度、刚度及稳定性；

（5）混凝土浇筑前，对模板标高、轴线、支架、顶撑、螺栓进行认真检查、复核，发现问题及时进行处理；

（6）混凝土浇筑时，要均匀对称下料，浇筑高度应严格控制在施工规范允许的范围内。

2.4.2 混凝土结构变形

1. 图片展示

图 2.4.3 侧墙胀模

图 2.4.4 墙模板加固

2. 质量问题分析

（1）模板及脚手架加固不到位，导致模板胀模；

（2）浇筑过程中，混凝土坍落度偏大及未控制浇筑高度，导致模板胀模；

（3）组合小钢模，连接件未按规定设置，造成模板整体性差；

（4）模板截面小，刚度差；

（5）满堂红脚手架、侧墙、中墙一起浇筑时，混凝土面高差大，相互挤压，胀模；

（6）混凝土浇筑过程中振捣器距离模板过近，导致过振使模板变形；

（7）在脚手架和模板安装过程中，模板背楞间距未按方案要求施工，导致间距过大，受力不均。

3. 防治措施

（1）认真按照审批后的方案进行模板脚手架施工；

（2）对模板脚手架进行全面的检查验收，检查各个连接件是否连接牢固，可调托架是否顶到位，顶托活动端不能超规范；

（3）组合小钢模拼装时，连接件应按规定放置，围檩及对拉螺栓间距、规格应按设计要求放置；

（4）浇筑过程中，严格控制混凝土的坍落度，并进行分层浇筑，每层浇筑完需控制其间歇时间，保证混凝土初步稳定再往上继续浇筑；

（5）侧墙、隔墙同时浇筑时，要匀速上升浇筑；

（6）检查侧墙的拉结筋数量要符合设计要求；

（7）侧墙施工要求整体钢模。

2.4.3 模板表片清理不干净

1. 图片展示

图 2.4.5 模板未清理水泥浆

图 2.4.6 侧墙模板照片

2. 质量问题分析

（1）模板表面混凝土渣未及时进行清除，脱模剂涂刷不均匀；
（2）工人施工不认真，马虎了事；
（3）模板变形大，平整度差；
（4）模板未靠紧，螺栓未拧紧；
（5）拼装模板时未拉设位置线，造成模板不在一条水平线上；
（6）脱模剂涂刷不匀，或漏涂，或涂层过厚；
（7）钢模板使用前未进行除锈处理或使用了废机油脱模剂，既污染了钢筋及混凝土，又影响了混凝土表面装饰质量。

3. 防治措施

（1）加强工人技术交底工作，提高工人质量意识；
（2）模板拼装前应仔细检查模板是否清理干净，脱模剂涂刷是否合格；
（3）对变形较大的钢模进行纠正，经纠正不到位的钢模板禁止使用；
（4）模板拼装时要仔细检查位置是否正确；
（5）模板接缝边应粘贴双面胶；
（6）检查模板螺栓是否拧紧，相邻两螺栓应错头布置；
（7）严禁用废机油作脱模剂，脱模剂材料选用原则应为：既便于脱模又便于混凝土表面装饰；选用的材料有皂液、滑石粉、石灰水及其混合液和各种专门化学制品脱模剂等；
（8）脱模剂材料宜拌成稠状，应涂刷均匀，不得流淌，一般刷两度为宜，以防漏刷，也不宜涂刷过厚；
（9）脱模剂涂刷后，应在短期内及时浇筑混凝土，以防隔离层遭受破坏。

2.4.4 模板支撑体系不牢靠

1. 图片展示

图 2.4.7　支撑体系支架间距偏大

图 2.4.8　模板支撑体系

2. 质量问题分析

（1）支撑选配不当，未经过安全验算，无足够的承载能力及刚度，混凝土浇筑后模板变形；

（2）支撑稳定性差，无保证措施，混凝土浇筑后支撑自身失稳，使模板变形；

（3）高支模没严格按要求请专家参与验收。

3. 防治措施

（1）模板支撑系统根据不同的结构类型和模板类型来选配，以便相互协调配套。使用时，应对支撑系统进行必要的验算和复核，尤其是支柱间距应经计算确定，确保模板支撑系统具有足够的承载能力、刚度和稳定性；

（2）钢质支撑体系其钢楞和支撑的布置形式应满足模板设计要求，并能保证安全承受施工荷载，钢管支撑体系一般宜扣成整体排架式，其立柱纵横间距一般为1m左右（荷载大时应采用密排形式），同时应加设斜撑和剪刀撑；

（3）支撑体系的基底必须坚实可靠，竖向支撑基底如为土层时，应在支撑底铺垫型钢或脚手板等硬质材料；

（4）侧向支撑必须支顶牢固，拉结和加固可靠，必要时应打入地锚或在混凝土中预埋铁件和短钢筋头做撑脚；

（5）高支模工程，需由专家组组长及一名专家参与验收。

2.4.5 人防墙模板加固采用 PVC 管不符合要求

1. 图片展示

图 2.4.9　人防墙用 PVC 套管　　　　图 2.4.10　人防墙施工

2. 质量问题分析
（1）对人防工程相关强制性标准不熟悉；
（2）施工人员未进行人防相关技术交底或交底不透彻；
（3）部分作业人员偷工，随意施工，位置不精确。

3. 防治措施
（1）针对人防工程施工组织施工人员进行专项技术交底；
（2）人防墙模板加固拉模筋严禁套用 PVC 管；
（3）人防墙混凝土应一次浇筑成型；
（4）严格做好穿墙管的防水。

2.5 钢筋加工与安装工程

2.5.1 钢筋原材表面锈蚀

1. 图片展示

图 2.5.1　原材表面锈蚀

图 2.5.2　有效覆盖好的钢筋原材

2. 质量问题分析

（1）钢筋表面出现黄色浮锈，严重转为红色，日久后变成暗褐色，甚至发生鱼鳞片剥落现象；

（2）保管不善，未有效覆盖，受到雨雪侵蚀；

（3）仓库环境潮湿，通风不良。

3. 防治措施

（1）钢筋原料应存放在仓库或料棚内，保持地面干燥，钢筋不得直接堆放在地上，场地四周要有排水措施，堆放期尽量缩短；

（2）黄色轻微浮锈不必处理。红褐色锈斑的清除可用钢刷手工清除，尽可能采用机械方法，对于锈蚀严重，发生锈皮剥落现象的应研究是否降级使用或不用；

（3）设置钢筋存放架子平台、搭设雨棚。

2.5.2 钢筋原材料曲折

1. 图片展示

图 2.5.3　钢筋弯曲

图 2.5.4　钢筋原材加工

2. 质量问题分析

（1）运输时装车不注意；运输车辆较短，条状钢筋弯折过度；用吊车卸车时，挂钩或堆放不慎；堆放过高或支垫不当被压弯；搬运频繁，装卸"野蛮"；

（2）钢筋在运至现场发现有严重曲折形状；

（3）采用机械破混凝土，对预埋钢筋造成损伤。

3. 防治措施

（1）采用专车拉运，对较长的钢筋尽可能采用吊车卸车；

（2）搬运、堆放要轻抬轻放，放置地点应平整，支垫应合理；尽量按施工需要运去现场并按使用先后堆放，避免不必要的翻垛；

（3）将变形的钢筋抬放成型案上矫正；如变形过大，应检查弯折处是否有局部出现裂纹，并根据具体情况处理；

（4）破桩头时，要采用机械结合人工一起进行，避免破坏钢筋。

2.5 钢筋加工与安装工程

2.5.3 钢筋切割断面不平

1. 图片展示

图 2.5.5　钢筋端头不平

图 2.5.6　钢筋端头平整

2. 质量问题分析

（1）剪断尺寸不准或被剪断钢筋端头不平；

（2）定位尺寸不准，或刀片间隙过大；

（3）剪断钢筋后，未对钢筋头进行人工打磨。

3. 防治措施

（1）严格控制其尺寸，调整固定刀片与冲切刀片间的水平间隙；

（2）根据钢筋所在部位和剪断误差情况，确定是否可用或返工；

（3）对剪断的钢筋头，均需进行人工打磨。

2.5.4 钢筋间距绑扎不符合要求

1. 图片展示

图 2.5.7 间距不一致（梁二排筋间距过大）

图 2.5.8 间距一致

2. 质量问题分析

（1）同一编号的钢筋分几处配置，配料时进行规格代换后因根数变动，不能均分于几处；

（2）在钢筋材料表中，该号钢筋只写总根数，在钢筋进行代换时忽略了钢筋分几处布置的情况；

（3）按图纸上标注的箍筋间距绑扎梁的钢筋骨架，实际所用箍筋数量与钢筋材料表上的数量不符；

（4）图纸上所注间距为近似值，按近似值绑扎，则间距或根数有出入；

（5）固定钢筋措施不可靠，或浇筑混凝土时被振动器或其他东西碰歪撞斜没有及时复位校正，下层墙、柱伸出钢筋位置偏离设计要求过大，与上层墙、柱钢筋搭接不上；

（6）墙、柱的基础预插钢筋歪斜或跑位；

（7）梁、墙、柱钢筋间距不均，过大或过小，绑扎不顺直；

（8）主受力钢筋大小配料错误，或漏筋。

3. 防治措施

（1）在配料加工钢筋前进行钢筋代换计算时，要预先参看施工图，看该号钢筋是否分几处布置，如果是应按分根数考虑代换方案；

（2）地铁车站结构钢筋非常密，混凝土浇筑振捣都非常困难，可采用隔一排密排绑扎。

2.5.5 钢筋绑扎不牢，吊装时钢筋骨架变形

1. 图片展示

图 2.5.9　绑扎松脱

图 2.5.10　绑扎未松脱

2. 质量问题分析

（1）搬移钢筋骨架时，绑扎节点松扣或浇捣混凝土时绑扣松脱；

（2）绑扎铁丝太硬或粗细不适当，绑扣形式不正确、不稳固；

（3）大直径的钢筋网片点焊不牢，结构架立钢筋刚度不足；

（4）吊点四周未采用加强的方式。

3. 防治措施

（1）一般采用 20～22 号作业绑线，绑扎直径 12mm 以下钢筋宜用 22 号铁丝，绑扎直径 12～15mm 钢筋宜用 20 号铁丝，绑扎梁柱等直径较粗的钢筋可用双根 22 号铁丝，绑扎时要尽量选用不易松脱的绑扣形式，如绑平板钢筋网时，除了用一面顺扣外，还应加一些十字花扣，钢筋转角处要采用兜扣并加缠，对紧立的钢筋网除了十字花扣外，也要适当加缠；

（2）尽量在模板内或模板附近绑扎搭接接头，避免搬运有搭接接头的钢筋骨架；

（3）吊点四周采用加强筋进行满焊；

（4）有绑扎搭接的部位，应先排好钢筋使钢筋并在一起，绑扎好搭接点，绑三道，绑扎牢固；

（5）绑扎接头相互错开，错开的净间距为 0.3 倍搭接长度；

（6）墙、柱、梁主筋尽量按最长下料，能不断开的地方就不断开，安装前先向工人做好交底工作。

2.5.6 板与柱钢筋穿格构柱钢筋绑扎不符合要求

1. 图片展示

图 2.5.11　格构柱影响中立柱定位　　　图 2.5.12　将影响中立柱定位的格构柱割除

2. 质量问题分析

（1）由于基坑跨度过大，在基坑两侧各设置有临时立柱与永久立柱，板的通长钢筋部分需要通过柱，在施工过程中往往立柱偏位，导致钢筋穿束无法按原设计进行施工，局部还需要切开格构柱，保证通长钢筋顺利通过，同时钢筋间距就很难保证；

（2）施工时不重视节点，未按节点施工。

3. 防治措施

（1）在围护结构施工时对临时立柱准确定位，避免影响后期施工；

（2）立柱定位采用箍筋准确定位，保证浇筑过程中不发生偏移；

（3）设计变更后在底板上预埋钢板做临时格构柱，将影响中立柱格构柱拆除；

（4）严格按节点构造进行施工。

2.5.7 钢筋的接头未设置在受力较小处

1. 图片展示

图 2.5.13　接头设置错误　　　　　　　图 2.5.14　正确作法

2. 质量问题分析

（1）施工技术交底不到位，技术人员现场管理不到位；

（2）同一纵向受力钢筋设置两个接头，接头末端至钢筋弯起点的距离小于钢筋直径的 10 倍且未错开；

（3）梁板受弯钢筋接头设置在跨中位置。

3. 防治措施

（1）施工技术人员对班组做好交底，现场指导施工；

（2）开料准确，计算合理，质检人员核对尺寸；

（3）梁的钢筋接头放在跨中 1/3 的位置，相邻接头必须错开。

2.5.8 钢筋接头位置同向

1. 图片展示

图 2.5.15　绑扎错误

图 2.5.16　正确绑扎方法（百分率 50%）

2. 质量问题分析

（1）工人不了解绑扎工艺方法；

（2）绑扎搭接接头应在接头中心和两端共 3 处单独用铁丝扎牢，但是未再和交叉钢筋绑扎；

（3）忽略了配置在构件同一截面中的接头，其中距不得小于搭接长度的规定，对于接触对焊接头，凡在 30d 区域内作为同一截面，但不得小于 500mm，其中 d 为受力钢筋直径；

（4）分不清钢筋位于受拉区还是受压区。

3. 防治措施

（1）加强交底，质检人员做好监督检查；

（2）注重绑扎牢靠，百分率（对梁类、板类及墙类构件不宜大于 25%；对柱类构件不宜大于 50%）、错开长度（钢筋绑扎搭接接头连接区段的长度为 $1.3l_l$（l_l 为搭接长度），凡搭接接头中点位于该连接区段长度内的搭接接头均属于同一连接区段）等要点；

（3）在同一连接区段内必须实施 100% 钢筋接头的连接时，应准备采用 I 级接头；

（4）6～14mm 的分布钢筋宜采用绑扎，16～22mm 钢筋宜采用焊接，大于等于 25mm 钢筋机械连接较好。

2.5.9 箍筋弯钩外平直长度及角度不符

1. 图片展示

图 2.5.17　长度不够

图 2.5.18　加工符合要求的箍筋

2. 质量问题分析

（1）不熟悉箍筋使用条件；忽视规范规定的弯钩形式应用范围；配料任务多，各种弯钩形式取样混乱；

（2）箍筋末端未按规范规定不同的使用条件制成相应的弯钩形式；未区分非抗震与抗震要求；

（3）质检人员对外平直长度缺少检查。

3. 防治措施

（1）认真核对图纸，计算箍筋长度；

（2）区分非抗震区弯钩外平直长度为 5d，抗震区弯钩外平直长度为 10d；箍筋弯钩的弯弧内直径满足受力钢筋的弯钩和弯折的规定，尚应不小于受力钢筋直径；箍筋弯钩的弯折角度：对一般结构不应小于 90°；对有抗震等要求的结构应为 135°；

（3）加工时质检人员进行检查。

2.5.10 箍筋接头位置在同向

1. 图片展示

图 2.5.19　箍筋开口方向错误　　　　图 2.5.20　箍筋开口方向正确做法

2. 质量问题分析

（1）箍筋接头（即弯钩交搭处）位置方向相同，重复交搭于一根或两根纵筋上；

（2）质检人员检查不到位，绑扎钢筋骨架时疏忽。

3. 防治措施

（1）安装操作时随时互相提醒，应将接头位置错开绑扎；

（2）做好技术交底，梁、柱的箍筋弯钩及焊接封闭箍筋的对焊点应沿纵向受力钢筋方向错开设置，当为简支梁时，开口方向在上；当为悬臂梁时，开口方向在下，构件同一表面，焊接封闭箍筋的对焊接头面积百分率不宜超过 50%；

（3）钢筋按合理顺序安装，相应解开几个箍筋，转过方向，重新绑扎，力求上下接头互相错开。

2.5.11 钢筋绑扎不符

1. 图片展示

图 2.5.21　上部钢筋网漏绑（间隔交错绑扎）　　图 2.5.22　底部钢筋网正确绑扎（间隔交错绑扎）

2. 质量问题分析

（1）施工技术交底不到位，绑扎安装钢筋时为图方便省时间；

（2）质检人员检查不到位；

（3）未按梅花型隔一绑扎，整条钢筋绑扎点较少；

（4）先绑扎表层钢筋，底层及内部钢筋未绑扎。

3. 防治措施

（1）做好技术交底，墙、柱、梁钢筋骨架中各垂直面钢筋网交叉点应全部扎牢；板上部钢筋网的交叉点应全部扎牢，底部钢筋网除边缘部分外可间隔交错扎牢；

（2）钢筋按合理顺序安装，禁止图方便、省时不按要求施工；

（3）钢筋必须分层绑扎，先下后上，先里后外。

2.5.12 螺纹套筒连接后接头丝口外露过多

1. 图片展示

图 2.5.23 接头露丝现象

图 2.5.24 拆除不合格套筒重新连接

2. 质量问题分析

(1) 套筒与丝头不相匹配;

(2) 钢筋丝头在车丝前后,均未对丝头进行打磨处理,导致钢筋丝头质量存在问题,安装套筒后中央位置未能相互顶紧;

(3) 钢筋丝头在套筒中央位置未相互顶紧;

(4) 扭矩值偏小,未拧紧;

(5) 钢筋外露螺纹超过 2P;钢筋丝头加工过长,超过允许公差范围;

(6) 丝头存在横向裂缝;

(7) 套筒不符合相关规范要求。

3. 防治措施

(1) 钢筋接头加工前应进行工艺性试验,合格后方可进行;

(2) 操作人员应经专业技术人员培训合格后才能上岗;

(3) 直螺纹型式检验必须符合设计要求;

(4) 钢筋端部在螺纹加工前应切平,并对抽丝后端部不平丝头用磨光机进行磨平处理;

(5) 接头应拧紧,并用扳手校核拧紧扭矩,满足规范要求的最小扭矩值;

(6) 利用直螺纹量规检验钢筋丝头加工质量,并检查其长度是否符合规范要求;

(7) 钢筋先切头,后车丝,车丝后立即拧套筒保护。

2.5.13 钢筋保护层不符合设计要求

1. 图片展示

图 2.5.25 内外主筋间距偏大导致保护层偏小

图 2.5.26 调整内外主筋间距

2. 质量问题分析

（1）混凝土保护层垫块间距太大或脱落；

（2）钢筋绑扎骨架尺寸偏差大，局部接触模板；

（3）混凝土浇筑时，钢筋受碰撞位移。

3. 防治措施

（1）混凝土保护层垫块要适量牢靠；

（2）钢筋绑扎时要控制好外形尺寸；

（3）混凝土浇筑时，应避免钢筋受碰撞位移，浇筑过程中，应设专人检查修整；

（4）可以在钢筋骨架中焊接定位钢筋。

2.5.14 钢筋锚固长度不够

1. 图片展示

图 2.5.27　拉钩加工不符合要求及未绑扎固定　　　图 2.5.28　侧墙拉钩绑扎

2. 质量问题分析

（1）施工人员绑扎钢筋图快，未控制好间距；

（2）偷工减料，未按规范要求弯够角度及平直段锚固的长度不足；

（3）偷工减料，未按要求弯钩搭接及弯锚长度不足；

（4）钢筋加工尺寸有误；

（5）钢筋骨架厚度与设计图纸不符，造成勾筋长度偏大，或无法勾住两侧主筋。

3. 防治措施

（1）严格按照设计图纸配筋，钢筋下料单应经技术人员复核无误后方可进行加工；

（2）钢筋绑扎前，应用石笔、卷尺画好位置点，严格按点布置钢筋；钢筋应顺直不弯曲；

（3）确保钢筋骨架厚度尺寸，避免造成勾筋过大或偏小；

（4）确定钢筋锚固位置及长度。

2.5.15 钢筋烧伤、焊接不饱满

1. 图片展示

图 2.5.29　电流偏大焊缝不饱满

图 2.5.30　钢筋接头焊缝饱满

2. 质量问题分析

（1）电焊机电流偏大，烧伤钢筋，焊条型号不符合要求；

（2）烧焊工人未经培训，未持证上岗；

（3）焊渣未清理、气孔较多；

（4）焊缝宽度、厚度、长度不符合设计规范要求；

（5）同一截面内的焊接接头未相互错开。

3. 防治措施

（1）钢筋焊工应经过系统培训，且需考试合格持证上岗；

（2）严格控制电焊机电流，严禁烧伤钢筋；

（3）做好工艺试验，钢筋的接头形式、焊接工艺、焊接型号以及质量验收符合设计规范要求。

2.6 车站预留工程

2.6.1 预留外露钢筋无防锈措施

1. 图片展示

图 2.6.1　预留钢筋长期暴露

图 2.6.2　预留钢筋的保护

2. 质量问题分析

（1）预留钢筋外露时间过长，期间未采取有效保护措施；

（2）钢筋长期处在潮湿状态下或钢筋表面沾水；

（3）钢筋受重型物体压变形。

3. 防治措施

（1）对外露预留筋表面做防锈处理；

（2）采用预料薄膜包裹钢筋可以起到防锈作用；

（3）在施工前表面有锈迹预留筋，应做除锈处理，增加与混凝土的包裹力。

2.6.2 预留孔洞及预埋件偏差大

1. 图片展示

图 2.6.3 预埋件预埋偏位

图 2.6.4 预埋件定位准确

2. 质量问题分析

(1) 每块结构按图统计出预留孔洞及预埋件，验收时未对表验收；

(2) 对于预留孔洞和预埋件的尺寸及定位未复核；

(3) 在进行结构施工时，未按图纸统计出预留孔洞及预埋件的准备位置及数量，导致在施工过程中存在漏埋、错埋的情况出现；

(4) 混凝土浇筑前未对预埋件进行加固处理，导致在浇筑过程中预埋件发生位移。

3. 防治措施

(1) 在钢筋绑扎前将孔洞预埋件在中板模板上进行定位标识，并进行复核测量；

(2) 浇筑前对钢管、钢板预埋件进行焊接加固；

(3) 在进行结构施工前，需结合结构图纸和建筑图纸统计出预埋件的数量及相关位置，并在结构施工技术交底中进行说明。

2.6.3 人防预埋件遗漏吊钩

1. 图片展示

图 2.6.5 前期遗漏预埋吊钩，后期增加　　图 2.6.6 预埋吊钩

2. 质量问题分析

（1）看图不仔细，相关图纸未结合起来看；

（2）吊钩位置未进行测量放点；

（3）预埋件未进行多级复核。

3. 防治措施

（1）人防施工前查对相关图纸，摸清预埋件类型、数量及材质；

（2）对预埋件位置应测量放点，保证位置准确；

（3）人防门框及相关预埋件施工完成后，报请人防施工、监理单位到场进行检查验收确认。

2.6.4 人防门框遗漏锚固钢筋

1. 图片展示

图 2.6.7 门框未布置锚筋

图 2.6.8 门框布置锚筋

2. 质量问题分析
（1）吊钩未严格按照图纸要求进行钢筋加密；
（2）人防门框勾筋数量少，且焊接质量差；
（3）门框梁钢筋与两侧墙体锚固长度不够。

3. 防治措施
（1）吊钩处应按照图纸要求进行加密处理；
（2）人防门框勾筋应按图纸要求进行布置、连接；
（3）门框梁钢筋应按图纸要求进行锚固，保证锚固长度；
（4）对图验收，多次复核。

2.7 车站混凝土工程

2.7.1 混凝土和易性差

1. 图片展示

图 2.7.1 混凝土和易性差

图 2.7.2 混凝土和易性较好

2. 质量问题分析

（1）粗、细骨料的含泥量以及细骨料的含水率与设计的配合比有偏差；

（2）减水剂性能不稳定，质量差；

（3）拌料时，搅拌时间不足，以及混凝土运输车内有积水造成混凝土和易性不良，运输时间长，擅自加水搅拌；

（4）计量工具未检验，误差较大，计量制度不严或采用不正确的计量方法，造成配合比不准，和易性差。

3. 防治措施

（1）选用级配良好的粗骨料和细度模数适中的细骨料；选用优质粉煤灰等矿物掺合料；适当调整外加剂的引气、增稠等性能；

（2）适当增加粉煤灰掺量、选用适当砂率以及尽可能减少用水量；

（3）适当延长搅拌时间，尽可能控制坍落度；

（4）在混凝土浇筑（泵送）前，使混凝土运输罐车高速旋转，进行二次搅拌，对已经初凝的混凝土退场处理。

2.7.2 混凝土外加剂使用不当

1. 图片展示

图 2.7.3 外加剂使用不当，初凝时间过短

图 2.7.4 合理使用外加剂

2. 质量问题分析

（1）未能合理选用外加剂，指标高不一定就是质量好，外加剂技术指标以满足混凝土性能要求为前提。对于搅拌站来说，最主要的是组成材料质量的稳定性和生产过程的稳定性。所以，选定了外加剂后，不能轻易改变外加剂配方；

（2）对于外加剂的入库未检测，部分搅拌站是进行含固量、减水率、密度、净浆流动度等技术指标中的 1～2 项检测，很少搅拌站进行混凝土适配试验；

（3）外加剂质量不好或使用不当会导致新拌混凝土得不到应有的工作性，如坍落度不够或过大，坍落度损失快，拌和物黏稠、发硬，或抗分离性差，凝结时间过长或过短，早期硬化过慢等。

3. 防治措施

（1）掺量准确，在施工时要准确按设计掺量掺加外加剂。如果是液体，液体浓度要准确测定；如果是粉剂，应均匀准确加入，使其误差控制在 ±2% 之内；

（2）掺加均匀，外加剂在整个拌和物中必须均匀分布，使其充分发挥作用，避免局部过浓产生不良后果；

（3）搅拌站在外加剂入库前，必须进行适配试验，以检测外加剂与其他材料的适应性。

2.7.3 混凝土表面麻面

1. 图片展示

图 2.7.5 混凝土出现麻面现象

图 2.7.6 混凝土外观控制质量较好

2. 质量问题分析

（1）模板表面粗糙或粘附有水泥浆渣等杂物未清理干净，或清理不彻底，拆模时混凝土被粘坏；

（2）木模板未浇水湿润或湿润不够，混凝土构件表面的水分被吸去，使混凝土失水过多而出现麻面；

（3）模板拼缝不严，局部漏浆，使混凝土表面沿模板缝位置出现麻面；

（4）模板隔离剂涂刷不匀，或局部漏刷或隔离剂变质失效，拆模时混凝土表面与模板粘结，造成麻面；

（5）混凝土未振捣密实，气泡未排出，停留在模板表面形成麻点；

（6）拆模过早，使混凝土表面的水泥浆粘在模板上，产生麻面。

3. 防治措施

（1）模板表面应清理干净，不得粘有干硬水泥砂浆等杂物；

（2）浇筑混凝土前，模板应浇水充分湿润，并清扫干净；模板拼缝应严密，如有缝隙，应用油毡纸、塑料条、纤维板或腻子堵严；

（3）模板隔离剂应选用长效的，涂刷要均匀，并防止漏刷；

（4）混凝土应分层均匀振捣密实，严防漏振，每层混凝土均应振捣至排除气泡为止；

（5）拆模不应过早。

2.7.4 混凝土表面露筋

1. 图片展示

图 2.7.7　混凝土表面出现孔洞露筋　　　图 2.7.8　混凝土表面控制较好

2. 质量问题分析

（1）浇筑混凝土时，钢筋保护层垫块位移，或垫块太少甚至漏放，致使钢筋下坠或外移，紧贴模板面外露；

（2）结构、构件截面小，钢筋过密，石子卡在钢筋上，使水泥砂浆不能充满钢筋周围，造成露筋；

（3）混凝土配合比不当，产生离析，靠模板部位缺浆或模板严重漏浆；

（4）混凝土保护层太小或保护层处混凝土漏振，振捣棒撞击钢筋或踩踏钢筋，使钢筋位移，造成露筋；

（5）木模板未浇水湿润，吸水粘结或脱模过早，拆模时缺棱、掉角，导致露筋；

（6）混凝土和易性差，振捣不均匀。

3. 防治措施

（1）浇筑混凝土，应保证钢筋位置和保护层厚度正确，并加强检查，发现偏差，及时纠正；

（2）钢筋密集时，应选用适当粒径的石子。石子最大颗粒尺寸不得超过结构截面最小尺寸的 1/4，同时不得大于钢筋净距的 3/4。截面较小钢筋较密的部位，宜用细石混凝土浇筑；

（3）混凝土应保证配合比准确和良好的和易性；

（4）浇筑高度超过 2m，应用串筒或溜槽下料；

（5）模板应充分湿润并认真堵好缝隙；

（6）混凝土振捣时严禁撞击钢筋，在钢筋密集处，可采用直径较小或带刀片的振动棒进行振捣；保护层处混凝土要仔细振捣密实；避免踩踏钢筋，如有踩踏或脱扣等应及时调直纠正；

（7）拆模时间要根据试块试压结果正确掌握，防止过早拆模，损坏棱角。

2.7.5 混凝土表面蜂窝

1. 图片展示

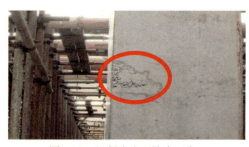

图 2.7.9 混凝土出现蜂窝现象

图 2.7.10 混凝土外观控制较好

2. 质量问题分析

（1）混凝土配合比不当，或砂、石子、水泥材料计量错误，加水量不准确，造成砂浆少、石子多；

（2）混凝土搅拌时间不足，未拌均匀，和易性差，振捣不密实；混凝土下料不当，一次下料过多或过高，未设串筒，使石子集中，造成石子与砂浆离析；

（3）混凝土未分层分段下料，振捣不实或靠近模板处漏振，或使用干硬性混凝土，振捣时间不够；或下料与振捣未很好配合，未及时振捣就下料，因漏振而造成蜂窝；

（4）模板缝隙未堵严，振捣时水泥浆大量流失；或模板未支牢，振捣混凝土时模板松动或位移，或振捣过度造成严重漏浆。结构构件截面小，钢筋较密，使用的石子粒径过大或坍落度过小，混凝土被卡住，造成振捣不实。

3. 防治措施

（1）认真设计并严格控制混凝土配合比，加强检查，保证材料计量准确；

（2）混凝土应拌合均匀，其搅拌延续时间应符合要求，坍落度应适宜；

（3）混凝土下料高度如超过 2m，应设串筒或溜槽；

（4）浇筑应分层下料，分层捣固，并防止漏振；

（5）混凝土浇筑宜采用带浆下料法或赶浆捣固法；

（6）混凝土每点的振捣时间，根据混凝土的坍落度和振捣有效作用半径确定。合适的振捣时间一般是：当振捣到混凝土不再显著下沉出现气泡和混凝土表面出浆呈水平状态，并将模板边角填满密实即可；

（7）模板缝应堵塞严密。浇筑混凝土过程中，要经常检查模板、支架、拼缝等情况，发现模板变形、走动或漏浆，应及时修复。

2.7.6 混凝土表面孔洞

1. 图片展示

图 2.7.11 混凝土表面出现小孔洞

图 2.7.12 混凝土外观控制较好

2. 质量问题分析

（1）在钢筋较密的部位或预留孔洞和埋设件处，混凝土下料被搁住，未振捣就继续浇筑上层混凝土，而在下部形成孔洞；

（2）混凝土离析、砂浆分离，石子成堆，严重跑浆，又未进行振捣，从而形成特大的孔洞；

（3）混凝土一次下料过多、过厚或过高，振捣器振动不到，形成松散孔洞；

（4）混凝土内掉入工具、木块、泥块等杂物，混凝土被卡住。

3. 防治措施

（1）在钢筋密集处及复杂部位，采用细石混凝土浇筑振捣密实，必要时，辅以人工捣实；

（2）预留孔洞、预埋铁件处应在两侧同时下料，下部浇筑应在侧面加开浇灌口下料；振捣密实后再封好模板，继续往上浇筑，防止出现孔洞，采用正确的振捣方法，防止漏振；

（3）控制好下料，混凝土自由倾落高度不应大于 2m，大于 2m 时应采用串筒或溜槽下料，以保证混凝土浇筑时不产生离析；

（4）砂石中混有黏土块，模板、工具等杂物吊入混凝土内，应及时清除干净。

2.7.7 墙、柱根部烂脚

1. 图片展示

图 2.7.13　混凝土柱、墙根部出现烂脚　　　　图 2.7.14　混凝土控制较好

2. 质量问题分析

（1）混凝土水灰比过大时，浆石易产生离析，由于混凝土浆液的浮力降低，混凝土在振动棒的振动作用下，浆石不能重新均匀的布置，而是石子往底部沉淀，浆液上浮，形成了烂根；

（2）墙根部施工缝混凝土不平或柱子与楼板面不平，漏浆而造成烂根；

（3）入模高度过大，混凝土浆石分离造成烂根；

（4）施工缝接模不平顺、漏浆；另外接缝细部处理不到位。

3. 防治措施

（1）调整混凝土的水灰比，使混凝土内的浆液稠度增大，保证在振动过程中混凝土内的浆液对石子有合适的浮力，从而达到入模的混凝土浆液和石子重新均匀布置、混凝土内的砂浆能充满模壳的所有空间，达到消除因混凝土水灰比过大而产生烂根的目的；

（2）浇筑楼层或施工缝混凝土时，严格按标高控制现浇板或施工缝的平整度；

（3）设法降低混凝土入模的高度，可采用窜筒入模法；先在底部铺 5～6cm 厚的与混凝土同强度等级的去石（或去半石）砂浆；

（4）接缝模板安装平顺，必要时加装密封条。

2.7.8 混凝土中间有缝隙、夹层

1. 图片展示

图 2.7.15 混凝土表面出现夹层

图 2.7.16 混凝土表面外观质量佳

2. 质量问题分析

（1）施工缝或后浇缝带，未经接缝处理，将表面水泥浆膜和松动石子清除掉，或未将软弱混凝土层及杂物清除，并充分湿润，就继续浇筑混凝土；

（2）大体积混凝土分层浇筑，在施工间歇时，施工缝处掉入锯屑、泥土、木块、砖块等杂物，未认真检查清理或未清除干净，就浇筑混凝土，使施工缝处夹有杂物；

（3）混凝土浇筑高度过大，未设串筒、溜槽下料，造成底层混凝土离析；

（4）底层交接处未灌接缝砂浆层，接缝处混凝土未很好振捣密实或浇筑混凝土接缝时，留搓或接搓时振捣不足。

3. 防治措施

（1）认真按施工验收规范要求处理施工缝及后浇缝表面；接缝处的锯屑、木块、泥土，砖块等杂物必须彻底清除干净，并将接缝表面洗净；

（2）混凝土浇筑高度大于 2m 时，应设串筒或溜槽下料；

（3）缝隙夹层不深时，可将松散混凝土凿去，洗刷干净后，用 1∶2 或 1∶2.5 水泥砂浆强力填嵌密实；

（4）缝隙夹层较深时，应清除松散部分和内部夹杂物，用压力水冲洗干净后支模，强力灌细石混凝土捣实，或将表面封闭后进行压浆处理。

2.7.9 混凝土表面出现裂缝

1. 图片展示

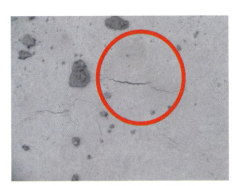

图 2.7.17　混凝土表面出现裂缝

图 2.7.18　混凝土表面用湿麻袋养护

2. 质量问题分析

（1）表面温度裂缝，多由于温度较大引起，如冬季施工过早拆除模板、保温层，或受到寒潮袭击，导致混凝土表面急剧的温度变化而产生较大的降温收缩，受到内部混凝土的约束，产生较大的拉应力，而使表面出现裂缝；

（2）混凝土浇筑振捣后，粗骨料沉落，挤出水分、空气，表面呈现泌水，而形成竖向体积缩小沉落，这种沉落受到钢筋、预埋件、模板、大的粗骨料以及先期凝固混凝土的局部阻碍或约束，或混凝土本身各部相互沉降量相差过大而造成裂缝；

（3）混凝土成型后，养护不当，受到风吹日晒，表面水分散失快，体积收缩大，而内部湿度变化很小，收缩也小，因而表面收缩变形受到内部混凝土的约束，出现拉应力，引起混凝土表面开裂；

（4）复合墙中，容易产生结构裂纹。

3. 防治措施

（1）预防表面裂缝，可控制构件内外不出现过大温差；浇灌混凝土后，应及时用草帘或草袋覆盖，洒水养护；在冬期混凝土表面应采取保温措施，不过早拆除模板和保温层；对薄壁构件，适当延长拆模时间，使之缓慢降温；拆模时块体中部和表面温差不宜大于25℃，以防急剧冷却造成的表面裂缝；地下结构混凝土拆模后要及时回填；

（2）夏天浇筑混凝土，要控制入模温度，控制水化热产生收缩裂纹；

（3）采用良好的减水剂，降低水灰比；

（4）车站侧墙施工要分段跳仓，浇筑混凝土分层振捣，淋水养护到位。

2.7.10 车站顶板混凝土表面出现裂缝

1. 图片展示

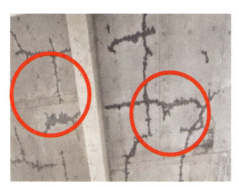

图 2.7.19　混凝土表面出现裂缝　　　图 2.7.20　混凝土表面用湿麻袋养护

2. 质量问题分析

（1）施工单位模板支撑体系投入不够，上层顶板混凝土浇筑前早已将下一层的支撑体系拆除（严重违规）；

（2）荷载超标，而上层模板、钢管支架、钢筋、未凝固的混凝土、振捣及下料冲击荷载，大大超过设计承载力；

（3）拆模过早或过早堆载。

3. 防治措施

（1）加强混凝土早期养护，浇灌完的混凝土要及时养护，防止干缩，冬季施工期间要及时覆盖养护，防止冷缩裂缝产生；

（2）加强施工管理，混凝土施工时应结合实际条件，采取有效措施，确保混凝土的配合比、坍落度等符合规定的要求并严格控制外加剂的使用，同时应避免混凝土早期受到冲击。增加结构支撑体系；

（3）严格控制拆除承重底模的时间，控制楼面堆载。

2.7.11 结构阳角出现掉角、破损

1. 图片展示

图 2.7.21　混凝土柱出现掉角现象

图 2.7.22　混凝土无缺棱少角现象

2. 质量问题分析

（1）木模板在浇筑混凝土前未充分浇水湿润或湿润不够；混凝土浇筑后养护不好，棱角处混凝土的水分被模板大量吸收，造成混凝土脱水，强度降低，或模板吸水膨胀将边角拉裂，拆模时棱角被粘掉；

（2）冬期低温下施工，过早拆除侧面非承重模板，或混凝土边角受冻，造成拆模时掉角；

（3）拆模时，边角受外力或重物撞击，保护不好，棱角被碰掉；

（4）模板未涂刷隔离剂或涂刷不均。

3. 防治措施

（1）木模板在浇筑混凝土前应充分湿润，混凝土浇筑后应认真浇水养护；

（2）拆模时注意保护棱角，避免用力过猛、过急；吊运模板时，防止撞击棱角；运料时，通道处的混凝土阳角，用角钢、草袋等保护好，以免碰损；

（3）严格控制拆模时混凝土强度，作好拆模后的角部保护。

2.7.12 混凝土表面凹凸、鼓胀

1. 图片展示

图 2.7.23 混凝土表面出现小凹凸

图 2.7.24 混凝土表面良好

2. 质量问题分析

（1）模板支撑在松软地基上，不牢靠或刚度不够，混凝土浇筑后局部产生较大侧向变形；

（2）模板支撑不够或穿墙螺栓未锁紧，致结构胀胎，造成鼓胀；

（3）混凝土浇筑未分层进行，一次性下料过多或采用吊斗直接往模板内倾倒或振捣混凝土时间过长，振动钢筋模板，造成跑模或较大变形。

3. 防治措施

（1）模板支架及斜撑必须支撑在坚实地基上，并有足够的支撑面积，以保证不发生下沉；

（2）柱模板应有足够数量的柱箍，混凝土浇筑前应仔细检查支撑是否牢固，穿墙螺栓是否锁紧，发现松动及时处理；

（3）墙浇筑混凝土时应分层进行，首层浇筑厚度为50cm，然后均匀捣实，上部每层浇筑厚度不得大于1.0m，防止一次下混凝土过多。

2.7.13 混凝土表面不平整、倾斜

1. 图片展示

图 2.7.25 混凝土表面不平整

图 2.7.26 混凝土表面质量佳

2. 质量问题分析

（1）混凝土浇筑后，表面仅用铁锹拍平，未用抹子找平压光，造成表面粗糙不平；

（2）模板未支撑在坚硬土层上，支撑面不足，或支撑松动、泡水，致使新浇筑混凝土早期养护时发生不均匀下沉；

（3）混凝土未达到一定强度时，上人操作或运料，使表面出现凹陷或印痕。

3. 防治措施

（1）严格按施工规范操作，灌注混凝土后，应根据水平控制标志或弹线用抹子找平、压光，终凝后浇水养护；

（2）模板应有足够的强度、刚度和稳定性，应支在坚实地基上；

（3）有足够的支撑面积，并防止浸水，以保证不发生下沉；

（4）在浇灌混凝土时，加强检查；混凝土强度达到 1.2MPa 以上，方可在已浇结构上走动。

2.7.14 混凝土强度不足

1. 图片展示

图 2.7.27 混凝土强度低于设计控制值　　图 2.7.28 进行实体回弹检测

2. 质量问题分析

（1）水泥过期或受潮，活性降低；砂石集料级配不好，空隙大含泥量高，杂物多；外加剂使用不当掺量不准确；

（2）混凝土配合比不当，计量不准；施工中随意加水，使水灰比增大；

（3）混凝土加料顺序颠倒，搅拌时间不够拌不匀；冬期施工，拆模过早或早期受冻；

（4）混凝土试块制作未振捣密实，养护管理不善，或养护条件不符合要求，在同条件养护时，过早脱水或受外力砸坏；

（5）商品混凝土质量不稳定，富余系数偏低，导致混凝土到龄期后低于设计值。

3. 防治措施

（1）水泥应有出厂合格证，新鲜无结块，过期水泥经试验合格才用；砂、石粒径、级配、含泥量应符合要求；严格控制混凝土配合比，保证计量准确；混凝土应按顺序拌制，保证搅拌时间且拌匀；按施工规范要求认真制作混凝土试块，并加强对试块的管理和养护；

（2）当混凝土强度偏低，可用非破损方法，如回弹仪法、超声波法来测定结构混凝土实际强度，若仍不能满足要求，可按实际强度校核结构的安全度，研究处理方案，采取相应加固或补强措施。

2.7.15 离壁沟常见质量问题

1. 图片展示

图 2.7.29　离壁沟与中板未同时浇筑　　　图 2.7.30　离壁沟与中板同时浇筑

2. 质量问题分析

（1）离壁沟与中板未同时浇筑，与中板未形成整体，接缝部位形成漏水通道；

（2）坡度未按设计要求进行施工，导致排水不畅。

3. 防治措施

（1）离壁沟与中板应同时浇筑，与中板形成整体；

（2）浇筑前应复核标高，严格按照设计坡度控制浇筑混凝土。

2.8　车站土方回填工程

2.8.1　回填土材料不符合要求

1. 图片展示

图 2.8.1　回填土材料不符合要求

图 2.8.2　选用优质土回填

2. 质量问题分析

（1）回填土土源未经验收；

（2）用于回填的材料与设计要求不符；

（3）采用淤泥和淤泥质土、膨胀土、有机质含量大于 8% 的土、含水溶性硫酸盐大于 5% 的土、含水量不符合压实要求的黏性土等无法保证填方的强度和稳定性的土；

（4）采用未经处理的建筑垃圾，没有分层压实。

3. 防治措施

（1）回填土的土源地、进场回填材料应进行验收，并符合设计要求；

（2）当设计无要求时，应可采用以下材料回填：

① 优先利用基坑中挖出的优质土，回填土内不得含有机杂质，粒径不应大于 50mm，含水量应符合压实要求；

② 不含有机杂质的石屑，分层压实；

③ 采用碎石、砂土（使用细、粉砂时应取得设计单位同意）和爆破石碴回填；

④ 含水量符合压实要求的黏性土；

⑤ 无压实要求的填方时，可用碎块草皮和有机含量大于 8% 的黏性土；

⑥ 除淤泥和淤泥质土、含有机质的生活垃圾土、流动状态的泥炭土和有机质含量大于 8% 的黏性土等之外的土。

2.8.2 回填土密实度达不到设计要求

1. 图片展示

图 2.8.3　土方未分层回填　　　　　图 2.8.4　分层回填

2. 质量问题分析

（1）填方土料不符合要求，采用了碎块草皮、有机质含量大于8%的土及淤泥、淤泥质土和杂填土等做填料；

（2）土的含水率过大或过小，因而达不到最优含水率下的密实度要求；

（3）填土厚度过大或压（夯）实遍数不够，或机械碾压行驶速度太快；

（4）碾压或夯实机具能量不够，达不到影响深度要求，使密实度降低。

3. 防治措施

（1）控制回填土材料，确保回填料符合设计要求；

（2）根据工程性质确定填土的密实度，一般用土的压实系数换算为干密度来控制；

（3）根据回填土料、压实作业机械性能，现场试验确定回填土最佳含水量、每层铺土厚度、压（夯）实遍数、机械行驶速度，严格进行水平分层回填、压（夯）实；

（4）加强对回填土料含水量、回填土干密度的现场检验，认真监控施工操作质量，及时进行检验取样；

（5）达不到密实度的，如因土料不合要求，应及时挖除换土，或者掺入石灰、碎石等夯实加固。如因含水量过大所致，可翻松晾晒、风干，或均匀掺入干土等吸水材料，重新碾压夯实；如因含水量小，可采用增加夯实遍数处理。

2.8.3 填方出现弹性土

1. 图片展示

图 2.8.5 弹性土（俗称"橡皮土、弹簧土"）

图 2.8.6 弹性土换填

2. 质量问题分析

未采用合格的原材，主要是使用了含水量比较大的回填料，如腐殖土以及泥炭土或黏土、亚黏土等回填。

3. 防治措施

（1）控制填土的含水量在施工规范要求含水量之内；

（2）选用透水性良好的矿质黏土或亚黏土回填；

（3）已经局部形成的弹簧土，应挖出后按施工规范要求重新换土回填；

（4）回填前做好基底清理，清除基坑内的垃圾、树根等杂物，以及积水、淤泥等，完善现场施工排水措施；

（5）对于已形成的弹性土，如果土方量很小，可挖掉，换用砂土、灰土（比例可为2∶8 或 3∶7，但雨季、冬季不宜用灰土，避免造成灰土水泡，冻胀等）回填。如果面积较大，可用干土、石灰、碎砖等吸水材料填入橡皮土内，也可把橡皮土挖出来，晾晒后回填。

2.8.4 回填土沉陷或冻胀

1. 图片展示

图 2.8.7 回填土沉陷致台阶损坏

图 2.8.8 分层回填，认真做好台阶等处碾压夯实

2. 质量问题分析

（1）回填基底的积水、杂物未清除就回填，或基础两侧用松土回填，未经分层夯实，或槽边松土落入基坑，夯填前未认真进行处理，回填后受到水的浸泡产生沉陷；

（2）回填基底宽度较窄，采用手夯、小型机械夯实，达不到要求的密实度；

（3）回填土料中夹有大量的土块，或采用含水量大的黏性土、淤泥质土、碎块草皮作土料，回填质量不合要求；

（4）回填时采用泡水沉实，含水量大，密实度达不到要求；

（5）台阶、绿化区域下回填土未分层回填夯实，造成构筑物混凝土垫层因基层下沉而开裂，地表雨水通过裂缝渗入填土中，使填土含水量加大甚至饱和，北方冬季低温下引起冻胀。

3. 防治措施

（1）回填前，将回填区域中的积水排净，清理干净基底的垃圾、松土、杂物等；

（2）回填土采取严格分层回填、夯实，按现场试验严格控制每层需铺土厚度、回填土料质量和含水量，按规定抽样检查回填土密实度，确保回填质量符合要求；

（3）控制回填土土料质量，一般土料中不得含有大于 50mm 直径的土块，不应有较多的干土块；

（4）严禁采用泡水沉实法的方法回填土方；

（5）对于因回填土沉陷造成地面及构筑物空鼓的，如混凝土垫层尚未破坏，可填入碎石，侧向挤压捣实；如垫层已经裂缝破坏，则应视损坏程度进行返工；

（6）认真做好台阶、绿化区域下的回填，在靠近台阶、绿化区域的混凝土垫层处，可采用 300～600mm 厚级配砂石的代替土方，以减少沉陷，消除冻胀；

（7）如台阶、绿化区域的要求较高，可混凝土垫层中适当增加钢筋网构造配筋，以避免开裂。

2.8.5 场地积水

1. 图片展示

图 2.8.9　场地积水

图 2.8.10　做好排水设施，控制回填土质量

2. 质量问题分析

（1）填土面积较大或较深时，未分层回填压实，或碾压机械能量不足，造成土的密实度不均匀或不够，遇水产生不均匀下沉造成积水；

（2）场地周围未做排水沟，场地排水坡度不足或不符合设计要求；

（3）施工测量不认真或测量错误，使场地标高不符合设计要求，坑洼不平。

3. 防治措施

（1）回填的同时，按设计要求在场地周围、场地内做好场地排水设施，设置排水沟（截水沟）并确保截面、排水坡符合设计要求；

（2）对场地内的填土进行认真分层回填碾压，使回填土密实度不低于设计要求；

（3）认真做好测量的复核和找平工作，防止出现标高误差；

（4）场地内已积水的，应根据造成积水原因立即采取相应措施排除积水，避免再次积水。

第 3 章 盾构法隧道工程质量通病

3.1 管片制作与生产

3.1.1 管片钢筋笼安装质量较差

1. 图片展示

图 3.1.1 点焊钢筋接头脱落和焊接电流过大烧断钢筋

图 3.1.2 钢筋笼焊接定型支架

2. 质量问题分析

（1）钢筋下料尺寸不正确，导致钢筋笼骨架尺寸超差；

（2）钢筋骨架弧度超差，导致混凝土保护层厚度超差；

（3）焊工操作不当，焊机电流选择错误，导致钢筋焊接接头不牢固、烧伤等问题；

（4）钢筋骨架中主筋间距不均匀，导致管片钢筋数量不足。

3. 防治措施

（1）严格控制管片钢筋笼下料尺寸，落实焊接样板钢筋笼指导现场施工；

（2）管片钢筋笼存在一定的弧度，要求在定型支架上焊接钢筋笼，定期对定型支架变形量进行复核，钢筋笼焊接过程严禁强行焊接弧度不满足设计规范要求的钢筋；

（3）钢筋焊接人员必须持证上岗，焊接电流现场试验进行确定，过程中加强检查和检测，及时下岗焊接质量较差的焊工；

（4）在钢筋笼定型支架上做好钢筋间距标记，严格按照标记间距安放钢筋，加强钢筋笼焊接过程质量检查。

3.1.2 管片混凝土外观存在气泡、蜂窝、裂缝

1. 图片展示

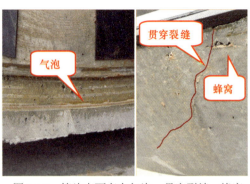

图 3.1.3　管片表面存在气泡、贯穿裂缝、蜂窝　　图 3.1.4　管片表面洒水养护存放

2. 质量问题分析

（1）管片混凝土表面大气泡、蜂窝，原因：
① 混凝土坍落度过大，气泡不宜排除；
② 振捣时间不足，在气泡溢出前停止振捣；
③ 隔离剂或外加剂与混凝土的匹配性较弱。

（2）管片混凝土存在裂缝，原因：
① 混凝土配合比选用水化热过大，在混凝土水化过程散热不均造成温度裂缝；
② 混凝土坍落度过大或过振，导致混凝土表面浮浆过多收缩裂缝；
③ 养护条件变化较大，表面产生细纹收缩裂缝；
④ 管片强度产生影响，未达强度或强度不满足要求出模，管片在转运过程人为受力不均匀也可造成裂缝。

3. 防治措施

（1）严格控制混凝土配合比，生产前试配多个配合比，选用水化热较小的混凝土原材料或外加剂，减小混凝土材料水化散热不均收缩裂缝和降低混凝土含气率，减少混凝土内部气泡；

（2）严格控制混凝土浇筑坍落度，加强混凝土浇筑振捣质量控制，浇筑完成后及时进行二次收面，减少表面收缩裂纹；

（3）加强混凝土养护环境管理，严格控制混凝土养护环境温差，蒸养时每小时不得超过 15℃，最高温度 ≤ 55℃。恒温 3～4 小时，在恒温时相对湿度不小于 90%，降温速度每小时不超过 15℃，入池水养温差不大于 20℃，养护大于 14 天，水养不少于 7 天；

（4）在钢筋笼定型支架上做好钢筋间距标记，严格按照标记间距安放钢筋，加强钢筋笼焊接过程质量检查；

（5）加强管片混凝土养护管理，严格控制蒸养时间、脱模时间和水养时间，保证混凝土养护到位，提高管片混凝土强度；

（6）减少管片混凝土强度未达到龄期期间转运次数，加强转运过程保护，选取合理的堆放高度和支点，可有效避免管片转运过程裂缝产生。

3.1.3 管片混凝土外观存在啃边、掉角

1. 图片展示

图 3.1.5　管片脱模造成啃边、转运过程碰撞破损　　图 3.1.6　管片存放区

2. 质量问题分析

（1）管片脱模过程造成啃边、掉角，原因：
① 模具拐角处粗糙，起毛刺；
② 脱模剂脱模不均匀；
③ 未达到脱模强度就开始脱模。

（2）管片存在破损、掉角现象，原因：
① 混凝土未达到脱模强度就开始脱模；
② 管片转运过程碰撞破损；
③ 管片混凝土强度不满足设计要求。

3. 防治措施

（1）管片生产过程加强对管片模具检查，重点对管片模具表面和尺寸精度进行量测，及时对变形较大的模具进行报废；

（2）浇筑混凝土前对模具表面杂物进行清理，然后再进行脱模剂涂抹，脱模剂必须涂抹均匀；

（3）脱模时管片混凝土强度必须到达设计强度到 40% 以上才可以进行脱模施工；

（4）严格控制管片堆放高度和方式，堆放高度一般以 6 片为宜，管片之间方木位置一般放置在预留纵向连接螺栓孔位置，可有效减少由于管片堆放受力不均造成裂缝；

（5）管片堆放场地必须进行硬化处理，防止管片倾倒碰撞破损和发生安全事故；

（6）管片转运过程做好保护措施，避免管片相互碰撞，如用叉车转运必须做好管片与叉车接触点位置保护。

3.1.4 管片预埋件定位质量

1. 图片展示

图 3.1.7 固定钢筋采用扎丝绑扎、螺栓孔密封变形

图 3.1.8 正确作法

2. 质量问题分析

（1）预埋件固定不牢固，混凝土浇筑过程振捣导致预埋件移位；

（2）预埋件与模板接缝密封不密实，混凝土浆液从缝隙中贯入预埋件内，导致预埋管堵塞。

3. 防治措施

（1）严格按照设计图纸做好定位筋固定，预埋件固定牢固；

（2）加强混凝土振捣过程控制，避免振动棒接触预埋件；

（3）严格控制预埋件加工尺寸，保证预埋件尺寸满足要求，定期对管片模具预埋件位置精度进行检查，保证预埋件与管模结构位置密封密实。

3.1.5 管片缓冲垫、止水圈粘贴质量问题

1. 图片展示

图 3.1.9　未放置止水垫圈出现渗漏、缓冲垫起包翘边　　图 3.1.10　管片缓冲垫及止水圈

2. 质量问题分析

（1）缓冲垫粘贴胶水质量不达标，无法保证缓冲垫粘贴牢固；

（2）缓冲垫粘接前未对管片表面进行清理，粘贴后极易鼓包脱落；

（3）缓冲垫粘贴时间过久，管片未使用，风吹日晒脱落；

（4）未按要求在拼装过程放置止水橡胶圈。

3. 防治措施

（1）严格按照设计要求控制缓冲垫及止水圈粘贴胶水质量，进行见证取样送检；

（2）督促承包商规范管片上防水材料粘贴程序，保证防水材料粘贴质量；

（3）尽量避免长时间放置不使用，如已放置管片粘贴防水材料后放置时间较久，须对管片上防水材料现场抽取进行见证送检，并对粘贴质量全数进行检查；

（4）督促承包商加强管片拼装过程质量技术交底，可采取多级确认办法，保证止水圈放置到位。

3.2 盾构始发与到达

3.2.1 套筒安装质量差

1. 图片展示

图 3.2.1　盾构始发钢套筒全貌

图 3.2.2　盾构始发钢套筒俯视图

2. 质量问题分析

（1）钢套筒与洞门预埋环板连续处开裂，钢套筒与负环之间密封不好，盾构始发时引起钢套筒压力泄漏，导致内外水土压力不平衡，引起地面沉降；

（2）洞门密封系统破坏；

（3）0环渗漏，拆除负环和钢套筒后，洞门位置0环管片与外侧土体之间无橡胶帘板，容易出现渗漏，进而引起地面沉陷。

3. 防治措施

（1）钢套筒安装前需对洞门预埋环板进行检查，必要时须进行植筋加固；

（2）在反力架和环梁之间设置预压千斤顶，通过预压力预压千斤顶对钢套筒施加预压力，使钢套筒顶紧洞门环板；

（3）钢套筒后端通过加强环梁和负环管片连接，连接处设置止水橡胶圈，负环管片外侧与钢套筒之间的间隙通过管片壁后注双液浆进行密封；

（4）钢套筒、反力架制造前进行严格的受力计算；钢套筒靠近反力架端设置加强环梁；盾构始发掘进前进行对安装好的成套装置进行压力测试，压力测试合格后方能进行盾构始发掘进；

（5）在洞门环板上预埋注浆管，通过壁后和预埋注浆管进行加强注浆，注浆饱满后方可拆除负环和钢套筒；

（6）加强始发监测工作。

3.2.2 冷冻法冷冻失效

1. 图片展示

图 3.2.3 冻结管拔管太早

图 3.2.4 冻结法施工

2. 质量问题分析

（1）冻结管渗漏、冷冻液进出温差过大；

（2）冷冻时间不胶圈，未及时测温；

（3）冷冻管拔出以后，盾构机容易出故障；

（4）冻融；

（5）冻结管拔管过早，整体失效或局部失效（底部），冻结管全部拔出；

（6）盾体被冻结；

（7）冻结胀力过大，隧道出现位移过大，导致出现渗漏水；

（8）冻结加固不均匀，存在夹层，易出现地下水、泥砂涌入；

（9）冻结管偏斜易造成冻结帷幕交圈延误。

3. 防治措施

（1）将成孔管内注水进行冻结管密封试验，试验压力控制在 0.8MPa，15min 内压力无变化为合格；

（2）做好需冷量计算设计，按需冷量进行冷冻机选型及冷冻辅助设备选型，满足冷冻施工要求，在冷冻过程中必须做好积极冻结期盐水温度、维护冻结期温度的设计及控制工作，及时进行测温；

（3）合理设置测温孔及泄压孔，及时监测冻结帷幕范围不同部位的温度发展状况；

（4）冻结管拔出应分批进行拔出，不可一次全部拔出，盾体上部保留一部分冷冻管继续冷冻，直至盾体通过后方可全部拔出；

（5）应提前做好盾体防冻结措施，避免盾体和土体一起被冻结；

（6）加强监测工作，及时掌握冷冻土体的变形及位移情况。

3.2.3 泥水机不破洞门始发

1. **图片展示**

图 3.2.5 玻璃纤维筋残渣及 U 型卡扣

图 3.2.6 破洞门方式进行始发

2. **质量问题分析**

（1）玻璃纤维绑扎使用 U 型卡扣造成刀盘震动，破洞门困难；

（2）泥水盾构磨洞门过程，玻璃纤维筋造成泥浆管路堵管。

3. **防治措施**

（1）泥水盾构始发应采用破洞门方式进行始发，对洞门范围的玻璃纤维或钢筋等构配件进行割除，避免盾构机泥水循环等问题发生；

（2）合理优化泥水盾构刀盘刀具配置与选型；

（3）严格按照始发相关要求做好始发磨洞门的掘进参数控制；

（4）做好循环泥浆质量控制。

3.2.4 洞门预埋环板安装质量差

1. 图片展示

图 3.2.7　洞门环板施工

图 3.2.8　洞门环板加工

2. 质量问题分析

（1）洞门环板椭圆度不满足要求；

（2）洞门环版倾斜度不满足要求；

（3）洞门环版中心点偏移；

（4）环板进场验收不严，未严格按要求进行试拼装验收；

（5）环板安装定位焊接不牢固，焊接后测量复核不到位，或者模板安装、混凝土浇筑造成环板移位变形；

（6）洞门环板定位测量错误；

（7）A环B环安装未按图纸施工；

（8）预埋钢筋未按设计要求安装，或安装阶段被割除。

3. 防治措施

（1）严格把关环板进场验收，进行环板的试拼装验收工作，对环板的尺寸进行测量复核；

（2）做好洞门施工的技术交底工作，保障环板定位钢筋的焊接质量，在模板安装过程中做好环板的保护，严禁对环板进行挤压；

（3）混凝土施工必须在环板底部预留观察孔，保障底部混凝土密实；浇筑过程应做到环板两边同时浇筑，避免两侧压力不一致导致环板移位变形；

（4）严格测量工作，做好环板中心的放样定位，在环板安装过程进行多次复核测量，同时可以采用不同的测量方法对测量结果进行核对复核，保障测量结果符合设计要求；

（5）尽可能采用L型洞门环板，可以避免洞门变形及位移；

（6）熟悉图纸要求，按图进行A环B环的生产加工及安装工作；

（7）做好主体结构施工安全技术交底，严禁切割环板预埋钢筋。

3.2.5 盾尾注浆不能有效填充

1. 图片展示

图 3.2.9　盾尾注浆

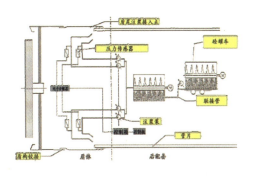

图 3.2.10　注浆系统示意图

2. 质量问题分析

（1）盾尾注浆液质量较差；

（2）注浆压力过大引起管片破损；

（3）注浆浆液配比不当不利于洞门密封封堵，存在洞门涌水涌砂风险；

（4）注浆不及时容易造成地面沉降；

（5）终止注浆的控制指标选择不当；

（6）盾尾注浆管堵塞；

（7）二次注浆不及时。

3. 防治措施

（1）注浆液的质量指标及控制要求，按照要求从胶凝时间、固结体强度、浆液收缩值、浆液稠度、浆液比重、浆液稳定性等方面做好浆液质量的控制；

（2）注浆应严格控制注浆压力、注浆量，浆液填充系数宜为 1.3～2.5 倍；

（3）注浆前应针对地层特点做好浆液配比试验确定浆液配比，浆液配比应经过报审备案，审核通过方可使用；

（4）注浆过程密切关注洞门情况，出现异常及时调整注浆参数，优先采用双液浆进行注浆；

（5）做好盾构机选型及整机验收工作；

（6）终止注浆指标，一般情况以注浆压力为准，在特殊地段采用注浆压力与注浆方量两方面控制；

（7）盾尾注浆管及时进行洗管，必须保证上部两根注浆管畅通；

（8）及时进行二次注浆，弥补同步注浆不足。

3.2.6 盾构始发刀盘入土时被卡住

1. 图片展示

图 3.2.11　盾构机出洞（一）

图 3.2.12　盾构机出洞（二）

2. 质量问题分析

（1）洞门前方的土体或加固体强度大，或者有局部的突起，盾构机前推进入土体时，刀盘处于静止状态，被加固体卡住，造成刀盘不能转动；

（2）盾构始发刀盘刚切入土体时，由于土仓距离洞门很近，往土仓内添加的土体改良材料容易从洞门漏失，因此土体改良效果差，造成刀盘扭矩大，容易被卡住；

（3）盾构始发时配置的刀具与地层不匹配，产生过大的扭转阻力，卡住刀盘；

（4）洞门内有钢筋或其他障碍物卡住刀盘。

3. 防治措施

（1）凿除洞门前方土体或加固体表面突出的部分，使开挖面呈平面；

（2）刀盘在接触洞门土体前必须保持旋转状态，刀盘采用小贯入度、低转速的方式切入土体；

（3）完善洞门临时密封装置，初始掘进时尽量减小土体改良材料的遗漏；

（4）刀盘配备与开挖地层适应的初装刀具；

（5）洞门破除后，要检查净空，同时要排除其他障碍物。

3.2.7 导轨施工质量差

1. 图片展示

图 3.2.13 导轨铺设

图 3.2.14 导轨定位

2. 质量问题分析

（1）导轨焊接不牢固；
（2）导轨位置安装不合理。

3. 防治措施

（1）根据设计图纸及现场检查导轨位置是否与设计位置一致；
（2）检查预埋件是否牢固可靠，焊接质量是否符合规范要求。

3.2.8 帘幕板安装质量差

1. 图片展示

图 3.2.15 帘幕破损

图 3.2.16 盾构机出洞

2. 质量问题分析

（1）帘幕板未结合成一整体；

（2）折板未拧紧；

（3）折板欠缺；

（4）预埋件与主体结构连接不牢靠。

3. 防治措施

（1）提高安装质量，保证帘幕板的完整性，使帘幕板能结合成整体；

（2）严格控制帘幕板的加工质量，定期抽查，发现问题及时更换；不符合质量要求的帘幕板应退换；

（3）加强施工管理，做好自检、互检、抽检工作，确保帘幕板拧紧的质量；

（4）确保盾构中心与洞门中心吻合，减少偏心影响密封效果。

3.2.9 帘幕板损坏

1. 图片展示

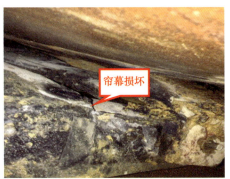

图 3.2.17 帘幕破损

图 3.2.18 检查帘幕有无破损情况

2. 质量问题分析

（1）盾构机始发及到达施工姿态控制差；

（2）底部混凝土块没有清理干净；

（3）未做好成品保护，人为损坏；

（4）刀盘过早转动损坏帘幕板。

3. 防治措施

（1）同步考虑洞门实际中心坐标及隧道中心线要求，采用人工复测确保数据准确，做好盾构姿态控制；

（2）注意施工现场的文明工作，清理建筑垃圾；

（3）加强施工现场管理工作，对已建好的成品加大保护力度；

（4）加强验收，保证安装质量；

（5）在刀盘通过帘幕过程中禁止转动刀盘，加强中控室与现场沟通。

3.2.10 反力架位移和变形

1. 图片展示

图 3.2.19 支架变形造成工字钢焊口脱焊

图 3.2.20 反力架近景图

2. 质量问题分析

（1）盾构推力过大，或受出洞千斤顶编组影响，造成后靠受力不均匀、不对称，产生应力集中；

（2）盾构后靠混凝土充填不密实或填充的混凝土强度不够；

（3）组成后靠体系的部分构件的强度、刚度不够，各构件间的焊接强度不够；

（4）后靠与负环管片间的结合面不平整；

（5）正面土压力过大，未及时排土。

3. 防治措施

（1）在推进过程中合理控制盾构的总推力，且尽量使千斤顶合理编组，使之均匀受力；

（2）在车站底板预埋钢板，做好反力架与车站底板的连接；

（3）对体系的各构件必须进行强度、刚度校验，对受压构件一定要作稳定性验算；各连接点应采用合理的连接方式保证连接牢靠，各构件安装要定位精确，并确保电焊质量以及螺栓连接的强度；

（4）对反力架与负环接触面进行检查，对不平整的地方进行处理，使盾构支撑系统受力均匀。

3.2.11 洞门土体掉落、塌方、涌水涌砂

1. 图片展示

图 3.2.21 洞口塌方　　　　图 3.2.22 洞门口施工图

2. 质量问题分析

（1）洞门外侧土体加固范围或施工参数未达到设计要求，加固土体稳定性较差；

（2）围护结构的凿除方法不恰当，在凿除的过程中对加固体产生了较大的振动和冲击，使加固体产生裂隙，造成加固体自稳性下降；

（3）维护结构凿除后，由于盾构机刀盘未及时切入加固体，造成加固体暴露时间过长；

（4）始发前未进行水平探孔勘探工作，对洞门后方水土情况掌握不清；

（5）始发过程中未及时进行正环及洞门圈注浆、封闭环施工。

3. 防治措施

（1）洞门加固土体的施工参数应按设计严格控制，要求具有一定的自立性和稳定性；

（2）如加固区属于含水地层，可布置井点降水，将地下水位降至能保证安全出洞水位；

（3）根据洞门的实际尺寸和加固的状况，制定合理的洞门凿除方案，当洞门前方土体为软弱地层时，应采用分层、分块、自上而下的凿除方法；

（4）完成洞门维护结构凿除后，应尽快缩短加固体的暴露时间；

（5）采用纤维钢筋，钢套筒始发及接收；

（6）严格始发节点验收程序，严格按照要求进行洞门水平探孔钻探；

（7）密切关注洞门密封圈的渗漏水情况，如存在渗漏水及时进行注浆封堵；

（8）正环完成拼装后尽早进行壁后注浆及封闭环施工，防止地下水向洞门渗漏。

3.2.12 盾构始发姿态偏离轴线

1. 图片展示

图 3.2.23 洞门口施工照片

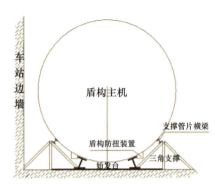

图 3.2.24 盾构始发示意图

2. 质量问题分析

（1）基座定位出现偏差，或反力架变形，无法提供足够的反力；
（2）千斤顶推力不均匀；
（3）未安装防扭转装置，或装置不符合要求；
（4）导轨安装不符合要求；
（5）加固体质量差，至盾构机底部强度低；
（6）曲线段始发未做好盾构掘进姿态预控；
（7）始发前未进行始发洞门环中心坐标复测工作；
（8）始发前盾构机整机调试及验收不到位，导向系统数据不准确；
（9）始发托架的固定不到位，出现位移变形；
（10）反力架的变形引起姿态失控。

3. 防治措施

（1）采用半环始发时，在盾构面无负环管片处设置传力杆件，使盾构上部千斤顶能正常工作；
（2）曲线段始发出现水平姿态偏差过大时，在负环管片拼装中加楔子，减少盾构千斤顶的行程差，以便于纠偏和管片拼装；
（3）认真复测始发架与导轨，同时检查始发架与导轨的安装牢固程度；
（4）待盾构具备纠偏条件后，及时纠偏；
（5）选择合适的管片类型，保证管片与盾壳之间的间隙，给纠偏操作预留出空间；
（6）提前拟合好曲线掘进的线路，盾构没进入土体不纠偏，也不超限；
（7）按要求进行始发洞门中心坐标复测，按照复测结果调整盾构始发姿态；
（8）加强始发前人工复测盾构机姿态与显示姿态的对比，以人工复测姿态为参考进行盾构机显示姿态调整。

3.2.13 盾构机栽头与上浮

1. 图片展示

图 3.2.25 盾尾翘起，脱离始发台架

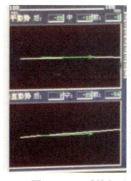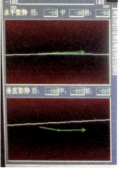

图 3.2.26 盾构机水平、垂直姿态

2. 质量问题分析

（1）始发姿态未考虑适当上仰；

（2）始发段防栽头措施不到位；

（3）刀盘转速过快，贯入度过大；

（4）反力架、托架及负环管片问题，导致盾体始发姿态控制困难。

3. 防治措施

（1）盾体始发前应适当上仰；

（2）按要求落实好盾构机始发防栽头措施，落实延长导轨安装工作及质量控制；

（3）必须做好端头加固工作，在富水地层始发应考虑进行端头区的降水措施；

（4）始发前按照地层要求计算好掘进参数，始发过程特别是磨洞门段必须采取低转速低贯入度参数进行推进；

（5）加强反力架、始发托架及负环管片的施工验收工作，避免造成位移扭转；

（6）加强地层补勘及分析工作，刀盘接触土体后严格控制上下分组油缸压力差及行程差；

（7）做好单盘刀具选型配置工作，合理配置仿行刀及大直径滚刀。

3.2.14 盾构测量导向系统错误

1. 图片展示

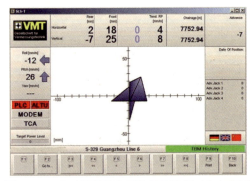 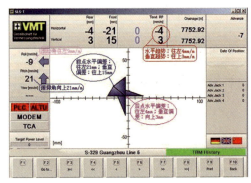

图 3.2.27　自动测量导向系统显示错误（方向相反）　　图 3.2.28　自动测量导向系统

2. 质量问题分析

（1）DTA 数据计算错误；

（2）盾体始发过程未考虑线路曲线的始发方向；

（3）人工测量姿态与盾体姿态偏差大；

（4）测量导向系统运作异常；

（5）盾构始发正反向数据错误；

（6）测量作业过程不规范。

3. 防治措施

（1）做好隧道中心线复核工作，曲线上隧道中线与设计线路中线平面偏移量与设计值误差符合要求，高程方向按竖曲线边坡点复核，注意隧道最低点不是边坡点的位置，按照多人独立计算、多种方法计算、交叉复核及层级把关原则进行 DTA 数据计算；

（2）做好曲线始发定位的复核工作，理论盾构机姿态与显示姿态误差在允许范围内；

（3）做好人工复测盾构机姿态工作，人工复测的姿态与显示的姿态误差在允许范围内，误差过大时以人工复测为参考进行调整显示的盾构机姿态；

（4）检查导向系统车站底座或者吊篮的固定稳定工作，避免测站与后视引起的测量误差，建站完成应用第三个控制点加以复核。

3.2.15 曲线始发超限

1. 图片展示

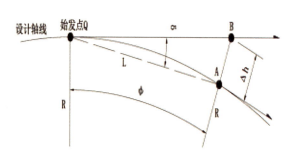

图 3.2.29　始发定位设计错误超过限差要求

图 3.2.30　盾构机始发

2. 质量问题分析

（1）始发方向设定值不对，偏移量考虑不足；

（2）测量误差或错误，人工复测工作不到位；

（3）盾体在托架上难以调整掘进方向；

（4）洞门方向与盾体始发方向夹角过大，盾体卡洞门。

3. 防治措施

（1）始发前做好盾体始发姿态计算及测量定位，按照要求设定始发方向保证始发段不出现偏差超限；

（2）严格按照多人单独测量计算、多种方法测量计算及交叉复核方法确保测量数据及 DTA 数据导入的准确性；

（3）做好盾构机的选型及改造工作，确保盾构机及台车满足转弯性能要求，保证盾体顺利通过洞门；

（4）严格按照盾构始发要求做好相关准备及验收工作，控制好始发过程掘进参数，保障盾体姿态处于计划范围内。

3.2.16 分体始发引起的质量通病

1. 图片展示

图 3.2.31 后配套台车管路线路接驳

图 3.2.32 后配套台车管路线路

2. 质量问题分析

（1）场地受限制，始发井空间无法满足整机始发要求；

（2）空间限制水平运输编组渣土斗无法配套，渣土排渣吊运采用小斗；

（3）后配套台车管路线路须进行多次拆除接驳，容易造成设备故障，且影响工期；

（4）延长的管线、电缆及水管在盾体推进过程容易损坏；

（5）垂直运输过程容易造成台车设备及延长管线碰撞、损坏；

（6）负环管片半环始发，盾构主推力不均匀；

（7）大分体模式，砂浆罐与盾尾相差过远。

3. 防治措施

（1）始发井设计及前期工作过程尽量考虑足够的始发空间；

（2）采用小编组、小土斗进行渣土吊运；

（3）做好分体始发的方案设计及审批工作，在始发过程中严格按照方案要求进行操作；

（4）延长的管线、电缆及水管应注意适当预留足够的长度满足盾构推进向前伸长，避免造成拉扯；

（5）接驳的延长管线应做好保护措施，采用卡箍固定在井壁上，防止垂直运输过程刮碰；

（6）负环管片半环始发，应做好主推力计算，及时进行反力架与负环管片之间的钢支撑安装，保障盾构反推力均匀受力；

（7）在大分体始发时，应提前做好注浆管延长接驳工作以满足壁后注浆的及时进行。

3.3 盾构掘进

3.3.1 盾构推进困难

1. 图片展示

图 3.3.1 盾构刀盘

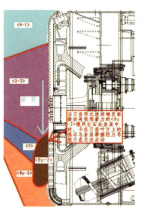

图 3.3.2 盾构刀盘剖面图

2. 质量问题分析

（1）盾构正面地层发生变化；

（2）盾构刀盘结泥饼，进土不顺畅及渣土改良差；

（3）推进千斤顶内泄漏，达不到其本身的最高额定油压；

（4）边缘刀具磨损严重，挖掘半径变小；

（5）土压设置太高，未及时排土；

（6）刀具磨损严重，切削土体困难；

（7）泥水盾构泥水平衡系统未能建立或泥水压力过高；

（8）孤石、花岗岩及软硬不均等不良地层中，盾构掘进困难。

3. 防治措施

（1）采取辅助技术，尽量采取在工作面内进行障碍物清理，在条件许可的情况下，也可采取大开挖施工法清理正面障碍物或预处理孤石、花岗岩的地层；

（2）合理设计进土孔的尺寸，保证出土畅通，采用有效的渣土改良；

（3）隧道轴线设计前，应对盾构穿越沿线作详细的地质勘查，摸清沿线影响盾构推进的障碍物的具体位置、深度，以使轴线设计考虑到这一状况；

（4）详细了解盾构推进断面内的土质状况，以便及时优化调整土压设定值、推进速度等施工参数：

① 对刀盘进行改造加焊耐磨网格，经常检修推进千斤顶，确保其运行良好；

② 合理设定平衡压力，加强施工动态管理，及时调整控制平衡压力值。

3.3.2 掘进参数与地层不匹配

1. 图片展示

图 3.3.3 渣样展台

图 3.3.4 掘进参数与地层不匹配

2. 质量问题分析

（1）围护结构施工及基坑开挖过程中未对地层情况进行分析记录；

（2）补勘工作不到位；

（3）试掘进的掘进参数计算不合理或有误；

（4）未详细研究地质资料及进行掘进风险点排查，掘进过程渣土取样分析不到位，未及时做好地层变化点掘进参数的调整；

（5）盾构机土压传感器故障未及时处理，土压显示不正确。

3. 防治措施

（1）围护结构及基坑开挖过程应注意地质情况分析记录工作，与地质勘探资料进行对比，掌握地层实际情况；

（2）在盾构始发前按要求进行补勘，特别是详勘资料中存在疑问和勘探不到位的地方；

（3）按照相关要求及具体地层情况进行试掘进参数的计算及拟定工作，试掘进参数的计算应经过审批批准；

（4）掘进过程每环进行渣样取样及分析工作，掌握刀盘实际地层情况；

（5）熟悉好图纸资料，在地层变化、裂隙、风化槽及地面建构筑物变化的点位拟定应对措施，做好施工操作人员的交底工作；

（6）及时进行盾构机维修保养工作，故障部件及时修理，不带病作业；

（7）严格节点验收工作，按照节点验收要求把关始发准备工作。

3.3.3 渣土改良系统效果不理想

1. 图片展示

图 3.3.5　渣土改良材料

图 3.3.6　盾构机出渣

2. 质量问题分析

（1）泡沫、膨润土等添加剂使用不当；

（2）未按地层实际情况采取针对性进行渣土改良措施；

（3）掘进参数影响。

3. 防治措施

（1）分析地层地质情况，按照地质进行渣土改良试验确定改良方案；

（2）合理使用相关添加剂；

（3）注意做好掘进参数的调整。

3.3.4 盾构产生后退

1. 图片展示

图 3.3.7　刀盘与掌子面的情况

图 3.3.8　盾构产生后退

2. 质量问题分析

（1）盾构千斤顶自锁性能不好，千斤顶回缩；

（2）千斤顶安全溢流阀压力设定过低，使千斤顶无法顶住盾构正面的土压力；

（3）盾构拼装管片时千斤顶缩回的个数过多，并且没有控制好最小应有的防后退顶力；

（4）误操作，同时收缩全部千斤顶。

3. 防治措施

（1）加强盾构千斤顶的维修保养工作，防止产生内泄漏；

（2）安全溢流阀的压力调定到规定值；

（3）拼装时不多缩千斤顶，管片拼装到位及时伸出千斤顶到规定压力；

（4）盾构发生后退，应及时采取预防措施防止后退的情况进一步加剧，如因盾构后退而无法拼装，可进行二次推进；

（5）做好操作人员的交底教育，降低误操作。

3.3.5 盾尾密封装置泄露

1. 图片展示

图 3.3.9　盾尾密封装置泄漏（一）　　　图 3.3.10　盾尾密封装置泄漏（二）

2. 质量问题分析

（1）管片与盾尾不同心，使盾尾和管片间的空隙局部过大，超过密封装置的密封功能界限；

（2）密封装置受偏心的管片过度挤压后，产生塑性变形，失去弹性，甚至损坏钢丝刷，密封性能下降；

（3）盾尾密封油脂压注不充分，盾尾钢刷内侵入了注浆的浆液并固结，盾尾刷的弹性丧失，密封性能下降；

（4）盾构后退，造成盾尾刷与管片间发生刷毛方向相反的运动，使刷毛反卷，盾尾刷变形而密封性能下降，严重影响盾尾密封寿命；

（5）盾尾密封油脂的质量不好，对盾尾钢丝刷起不到保护的作用，或因油脂中含有杂质堵塞泵，使油脂压注量达不到要求。

3. 防治措施

（1）做好管片选型，调节盾尾间隙；采用手动注入油脂，有效预防盾尾油脂不饱满；

（2）对已经产生泄漏的部位集中压注盾尾油脂，恢复密封的性能；

（3）管片拼装时在管片背面塞入海绵，将泄漏部位堵住；

（4）有多道盾尾钢丝刷的盾构，可将最里面的一道盾尾刷更换，以保证盾尾刷的密封性；

（5）从盾尾内清除密封装置钢刷内杂物；

（6）准确控制好盾构姿态，避免盾构产生后退现象。

3.3.6 衬砌注浆不饱满、不密实

1. 图片展示

图 3.3.11 注浆不饱满渗漏水严重（一）

图 3.3.12 注浆不饱满渗漏水严重（二）

2. 质量问题分析

（1）停止注浆的时间太长，留在浆管中的浆液结硬，引起堵塞；

（2）浆液中的砂含量太高，沉淀在浆管中，使浆管通径逐渐减小，引起堵塞；

（3）浆管的三通部位在压浆过程中有浆液积存，时间长了沉淀凝固；

（4）未及时清通管路；

（5）二次补充注浆量不足；

（6）盾构掘进速度快，注浆量补充不足；

（7）未按压力和注浆量双控的原则控制注浆量。

3. 防治措施

（1）将堵塞的管子拆下，将堵塞物清理干净后重新接好管路；

（2）每次注浆完成后应及时用清水冲洗注浆管，以防停止注浆期间管内的浆液凝固导致堵管，必要时注纯膨润土进行洗管；

（3）注浆所用的浆液配比应合理设定，禁止使用大颗粒的材料做注浆材料；

（4）及时进行二次注浆并且保证注浆量能满足要求；

（5）严格按双控的原则确保注浆效果。

3.3.7 回转角变化过大

1. 图片展示

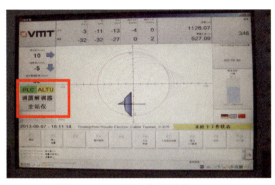 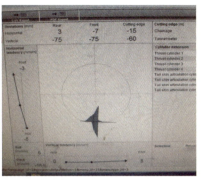

图 3.3.13　回转角变化过大（一）　　图 3.3.14　回转角变化过大（二）

2. 质量问题分析

（1）千斤顶编组不合理，使管片受力不均匀，管片产生相对转动；

（2）管片环面不正，千斤顶的顶力方向与环面不垂直，盾构推进时就会产生使管片转动的力矩，导致管片旋转；

（3）拼装时管片的位置安放不准确，导致拼装时形成旋转；

（4）管片上的螺栓孔和螺栓之间由于拼装需要，一般留有 5～8mm 的间隙，这样就给两环管片之间相互错动留有了条件，如果在管片就位时随意操作，就会引起旋转偏差；

（5）拼装时后拼装的管片与已就位的管片发生碰撞，使已拼装的管片发生移位，如果长时间采用相同的顺序拼装管片，管片向同一方向发生旋转偏差，累积的偏差量就较大；

（6）地层发生变化，一边软一边硬；

（7）操作经验不足；未有效采用刀盘反转及其他掘进参数配合来控制回转角。

3. 防治措施

（1）合理布置安装于盾构内的设备，并对各设备的重量和位置进行验算，使盾构重心位于中线上；

（2）经常纠正盾构回转角，使盾构自转在允许范围内；

（3）根据盾构的自转角，经常改变旋转设备的工作转向；

（4）可通过改变刀盘或旋转设备的转向或改变管片拼装顺序来调节盾构的自转角度；

（5）盾构自转量较大时，可采用单侧压重的方法纠正盾构转角；

（6）控制盾构机的制造精度；

（7）适当避免不均匀土体的切削；

（8）防止曲线段及纠偏的过量造成回转。

3.3.8 盾构机姿态异常

1. 图片展示

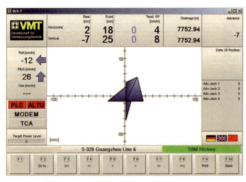

图 3.3.15 盾构机姿态异常（一）

图 3.3.16 盾构机姿态异常（二）

2. 质量问题分析

（1）掘进参数设置不合理，千斤顶行程及压力差过大、掘进速度过快；

（2）经过砂层、淤泥层及上软下硬等不良地质；

（3）管片选型不合理；

（4）壁后同步注浆不到位，成型管片偏移及上浮，影响盾体姿态；

（5）测量数据不准确，测量系统故障或人工复核不及时、误操作；

（6）线型变化未及时调整姿态；

（7）纠偏过猛造成线路出现蛇行；

（8）盾构长时间停机；

（9）盾构机转站不规范。

3. 防治措施

（1）合理选择掘进参数，注意千斤顶行程差及压力差变化，及时进行调整，合理控制掘进速度，避免速度过快造成姿态控制困难；

（2）做好地质资料分析及补勘工作，提前拟定应对措施，掘进过程中同步进行渣土分析，掌握实际地层情况，及时调整盾构掘进参数；

（3）严格按照要求每环进行盾尾间隙测量，综合考虑间隙、行程差及隧道线型情况进行管片选型；

（4）按照掘进及地层情况合理选择注浆配比，压力、方量及时间控制，减少管片移位及上浮；

（5）及时进行管片姿态复测，进行数据对比分析；按照掘进进度及时进行搬站；

（6）熟悉设计图纸，加强技术交底，合理设置缓和曲线，提前做好进入转弯段调整准备；

（7）盾构姿态出现偏差后不能强行纠偏或纠偏过猛，应制定合理的纠偏方案，避免线路蛇行；

（8）做好盾构停机保压工作，密切关注停机土压及姿态变化；

（9）严格按照隧道内转站要求执行，转站必须从业主测量队复核的控制点出发，严禁直接从吊篮上直接转站，并用第三个测量控制点加以复核。

3.4 管片拼装

3.4.1 盾构隧道管片错台

1. 图片展示

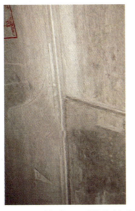

图 3.4.1　管片环面错台较大

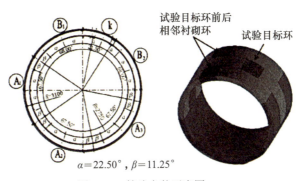

图 3.4.2　管片安装示意图

2. 质量问题分析

（1）管片选型有误；

（2）拼装时前后两环管片间夹有杂物；

（3）千斤顶的顶力不均匀，使环缝间的止水条压缩量不相同；

（4）纠偏楔子的粘贴部位、厚度不符合要求；

（5）止水条粘贴不牢，拼装时翻到槽外，使与前一环的环面不密贴，引起该块管片凸出；

（6）成环管片的环、纵向螺栓没有及时拧紧及复紧；

（7）纠偏过急，盾尾间隙小，管片拖出盾尾后错台；

（8）注浆填充效果差，管片下沉变形。

3. 防治措施

（1）拼装前应检查前一环管片的环面情况，以决定本环拼装时的纠偏量及纠偏措施；清除环面内和盾尾内的各种杂物；控制好千斤顶确保顶力均匀；提高纠偏楔子的粘贴质量；确保止水条粘贴可靠；盾构推进时，骑缝千斤顶应开启以保证环面平整；

（2）对于已形成环面不平的管片，在下一环及时加贴楔子纠正环面，使环面平整；

（3）控制掘进姿态，纠偏量不宜过大；

（4）做好管片选型、控制行程差，减少折角，同时控制盾尾间隙；

（5）有效延长盾尾刷寿命，提高注浆填充效果。

3.4.2 纵缝偏差大

1. 图片展示

图 3.4.3 纵缝偏差大

图 3.4.4 正常管片之间拼接纵缝

2. 质量问题分析

(1) 拼装时管片没有放正,盾壳内有杂物,使落底块管片放不到位或产生上翘、下翻,环面有杂物夹入环缝,也会使纵缝产生前后喇叭;

(2) 拼装时管片未能形成正圆,造成内外张角;

(3) 前一环管片的基准不准,造成新拼装的管片位置亦不准;

(4) 隧道轴线与盾构的实际中心线不一致,使管片与盾壳相碰,无法拼成正圆,只能拼成椭圆,纵缝质量也就无法保证;

(5) 注浆不饱满,导致隧道管片下沉变形。

3. 防治措施

(1) 用整圆器进行整圆,通过整圆来改善纵缝的偏差;

(2) 管片出盾尾,环向螺栓再进行一次复紧,可改善纵缝的变形;

(3) 管片被周围土体包裹住以后,椭圆度会相应地减小,纵缝压密程度提高,此时将螺栓进行复紧可取得较好的效果;

(4) 采用局部加贴楔子的办法,作纵缝质量的纠正;

(5) 严格控制注浆质量,做好止水环,预防喷涌产生塌方及次生质量问题。

3.4.3 螺栓未拧紧

1. 图片展示

图 3.4.5　螺栓未拧紧　　　　图 3.4.6　管片之间螺栓连接施工

2. 质量问题分析

（1）拼装质量不好，导致相邻管片之间错位严重，有的螺栓无法穿进；

（2）螺栓加工质量不好，螺纹的尺寸超差，造成螺母松动或无法拧紧；

（3）施工过程中只注意进度，忽视了拧紧螺栓的工作。有时甚至出现螺栓上未套螺母的情况；

（4）未及时进行复紧，尤其是底部、两肩部位的螺栓，复紧难度大，往往漏拧。

3. 防治措施

（1）未穿入螺栓的管片，可采用特殊工具对螺栓孔进行扩孔，使螺栓可以穿过；

（2）对不能穿过的孔换用小直径、等强度的螺栓；

（3）加工专用平台，对隧道的所有连接螺栓进行检查和复紧；

（4）采用力矩扳手，仔细检查每根套丝是否拧紧。

3.4.4 管片环面与隧道轴线不垂直

1. 图片展示

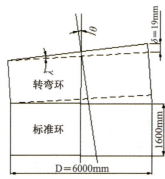 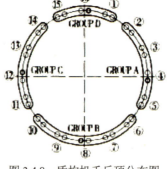

图 3.4.7 管片环面与隧道轴线不垂直　　图 3.4.8 盾构机千斤顶分布图

2. 质量问题分析

(1) 拼装时前后两环管片间夹有杂物，导致相邻管片间的环缝张开量不均匀；

(2) 千斤顶的顶力不均匀，导致止水条压缩量不相同，累积后使环面与轴线不垂直；

(3) 纠偏楔子的粘贴部位和厚度不符合要求；

(4) 前一面的环线与设计轴线不垂直；

(5) 盾构掘进单向纠偏过多，使管片环缝压密量不均匀，导致环面出现竖直度偏差；

(6) 管片选型不恰当，行程差大，管片与设计轴线折角就大。

3. 防治措施

(1) 拼装时应防止杂物夹杂在管片环缝之间；

(2) 尽量多开启千斤顶，以使盾构纠偏的力变化均匀；

(3) 在施工中应经常测量管片环面的垂直度，发现问题应及早安排纠偏；

(4) 提高纠偏楔子的粘贴质量；

(5) 应确保防水条粘贴可靠；

(6) 管片选型重点减少行程差，兼顾盾尾间隙。

3.4.5 盾构隧道椭变

1. 图片展示

图 3.4.9　隧道椭变错台较大　　　图 3.4.10　盾构隧道椭变

2. 质量问题分析

（1）管片的拼装位置中心与盾尾的中心不同心，管片无法在盾尾内拼装成正圆，只能拼装成椭圆形；

（2）管片的环面与盾构轴线不垂直，使管片与盾构的中心不同心；

（3）单边注浆使管片受力不均匀；

（4）隧道管片背衬填充质量的管理。

3. 防治措施

（1）采用楔形环管片纠正隧道的轴线，使管片的拼装位置处在盾尾的中心；

（2）控制盾构纠偏，使管片能在盾尾内居中拼装；

（3）待管片脱出盾尾后，由于四周泥土的挤压力近似相等，使椭圆形管片逐渐恢复圆形，此时对管片的环向螺栓进行复紧，使各块管片的连接可靠；

（4）经常纠正盾构的轴线，使盾构沿着设计轴线前进，管片能居中拼装；

（5）经常纠正管片的环面，使环面与盾构轴线垂直，管片始终跟随着盾构的轴线，使管片与盾尾的建筑空隙保持均匀；

（6）注浆时注意注浆管的布置位置，使管片均匀受力；

（7）加强注浆填充质量的管理。

3.4.6 盾构隧道侵限

1. 图片展示

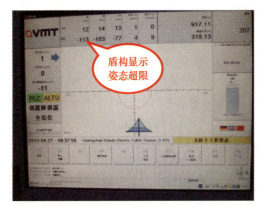

图 3.4.11 盾构显示姿态超限

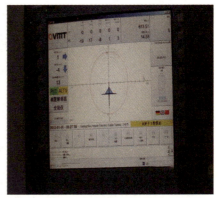

图 3.4.12 盾构隧道侵限

2. 质量问题分析

（1）测量误差大，自动测量累积的误差大，人工复测不及时；
（2）盾构操作及管片选型失误，盾构姿态失控；
（3）不良地层，导致盾构栽头、上飘；
（4）设计线路计算或导入数据有误；
（5）导向系统未及时进行搬站，盾构盲推。

3. 防治措施

（1）重视测量工作，多级复核，人工及自动测量互相校对；
（2）加强管片选型及盾构操作的技术交底培训；
（3）对不良地层采用预处理的措施；
（4）曲线掘进要提前拟合掘进线路预控；急转弯宜选用小宽度的管片；
（5）导向系统应及时进行搬站，严禁盲推，推进过程结合管片姿态复测数据进行盾体姿态的分析，发现异常及时进行调整。

3.4.7 管片破损

1. 图片展示

图 3.4.13　管片破损严重　　　　图 3.4.14　隧道仰拱增加缓冲垫

2. 质量问题分析

（1）管片运输过程保护不到位，如叉车磕碰、盾体内双规梁吊装过程磕碰、未使用喂片机情况下管片直接放在成型管片上；

（2）拼装过程操作不当，定位不准，K块插入空间不足，K块润滑剂涂抹不到；

（3）吊装头安装不正确，吊装头与管片间没有保护措施；

（4）管片自身强度不足；

（5）管片选型不当造成管片受力不均匀，管片环缝断面不平整，造成受力不均；

（6）盾构姿态差，管片中心与盾体中心偏差，造成管片受力不均；

（7）问题管片修补不到位，拼装过程及拼装后挤压受力重新出现破损；

（8）盾尾间隙控制不到；

（9）设备问题，管片拼装机性能落后，采用真空吸盘，吸盘口与管片的刚性接触；

（10）靴板破损或扭转、撑靴面板磨损失效；

（11）拼装前未清洗管片，不同模具生产管片混拼。

3. 防治措施

（1）合理使用吊运设备，做好吊运过程中管片的保护工作，使用喂片机进行盾体内管片运送；

（2）加强现场拼装质量的管理，加强拼装手的技术交底教育及考核工作，建立健全质量管理体系保障管片拼装符合规程；

（3）拼装管片必须按照相关要求进行操作，K块拼装前进行润滑剂涂抹；

（4）在吊装头与管片接触面之间增加缓冲垫，避免吊装头挤压管片导致破损；

（5）加强管片生产质量控制，管片出厂前必须进行回弹试验，强度及龄期达到要求方可出厂；

（6）严格审核承包商的管片修补方案，现场严格按照方案进行管片修补；

（7）做好掘进参数的控制及管片选型工作，避免管片受力不均造成管片破损；

（8）管片选型必须综合考虑盾尾间隙、千斤顶行程差、盾构机姿态等参数，避免间隙偏差造成盾体卡管片现象；

（9）做好盾构机选型工作，避免使用性能落后的拼装机进行拼装；

（10）拼装管片后千斤顶顶紧过程应注意做好撑靴扶正，做好撑靴板的检查及维修保养工作；

（11）管片拼装前必须按要求进行清洗，把管片上的污泥清洗干净；

（12）做好管片成环配对工作，按照同一模具同一批号管片进行配环，避免不同模具的管片混拼。

3.4.8 管片裂缝

1. 图片展示

图 3.4.15 管片出现裂缝（一）

图 3.4.16 管片出现裂缝（二）

2. 质量问题分析

（1）管片生产质量控制及验收不严，自身裂缝；
（2）千斤顶分组油缸压力差大，造成管片受力不均；
（3）管片椭变；
（4）管片错台。

3. 防治措施

（1）严格做好管片生产、出厂及到达施工现场的进场验收工作，仔细检查管片表观质量，存在裂缝的管片禁止出厂、使用；
（2）做好盾构机掘进参数的控制，避免推力过大；
（3）做好管片选型工作，避免分组千斤顶行程差过大，造成管片受力不均；
（4）严格做好管片安装质量管理，及时进行管片螺栓的紧固及复紧工作；
（5）按照相关要求及时进行管片姿态的复测及管片椭变监测，形成报表；
（6）严格审核承包商的管片修补方案，现场严格按照方案进行管片修补。

3.5 盾构隧道防水

3.5.1 管片接缝渗漏

1. 图片展示

图 3.5.1　管片封顶块渗漏（一）

图 3.5.2　管片封顶块渗漏（二）

2. 质量问题分析

（1）管片拼装的质量不好，接缝中有杂物，管片纵缝有内外张角、前后喇叭等，管片之间的缝隙不均匀，局部缝隙太大，使止水条无法满足密封的要求，周围的地下水就会渗漏进隧道；

（2）管片碎裂，破损范围达到粘贴止水条的止水槽时，尤其是管片角部碎裂，止水条与管片间不能密贴，水就从破损处渗漏进隧道；

（3）纠偏量太大，所贴的楔子垫块厚度超过止水条的有效作用范围；

（4）止水条粘贴质量不好，粘贴不牢固，使止水条在拼装时松脱或变形，无法起到止水作用；

（5）止水条质量不符合质量标准，强度、遇水膨胀倍率等参数不符合要求，使止水能力下降；

（6）对已贴好止水条的管片保护不好，使止水条在拼装前已遇水膨胀，管片拼装困难且止水能力下降；

（7）管片外弧角混凝土破损，止水条防水失效；

（8）管片错台大，管片之间的止水条没法挤压，失效。

3. 防治措施

（1）对渗漏部分的管片接缝进行注浆；

（2）利用水硬性材料在渗漏点附近进行壁后注浆；

（3）对管片的纵缝和环缝进行嵌缝，嵌缝一般采用遇水膨胀材料嵌入管片内侧预留的槽中，外面封以水泥砂浆以达到堵漏的目的；

（4）提高管片的拼装质量，及时纠正环面不平整度，拼装时保证管片的整圆度和止水条的正常工况，提高纵缝的拼装质量；

（5）对破损的管片及时进行修补，运输过程中造成的损坏应在贴止水条以前修补好；对于因管片与盾壳相碰而在推进或拼装过程中被挤坏的管片，也应原地进行修补，以对止水条起保护作用；

（6）控制衬垫的厚度，在贴过较厚衬垫处的止水条上应按规定加贴一层遇水膨胀橡胶条；

（7）应严格按照粘贴止水条的规程进行操作，清理止水槽，胶水不流淌以后才能粘贴止水条；

（8）采购质量好的止水条产品，在施工过程中定期抽检止水条的质量，产品须检验合格方能使用；

（9）在施工现场加防雨棚等防护设施，加强对管片的保护；根据情况也可对膨胀性止水条涂缓膨胀剂，确保施工的质量；

（10）避免纠偏过急、下沉等产生错台的事件。

3.5.2 管片压浆孔渗漏

1. 图片展示

图 3.5.3　管片压浆孔渗漏　　　　图 3.5.4　管片压浆孔破损

2. 质量问题分析

（1）压浆孔的闷头未拧紧；
（2）压浆孔的闷头螺纹与预埋螺母的间隙大；
（3）利用吊装孔注浆后，未有效封堵。

3. 防治措施

（1）将闷头拧出，重新按要求拧紧；
（2）在压浆孔内注少量水泥浆堵漏，然后再用闷头闷住；
（3）要用扳手拧紧压浆孔的闷头；
（4）在闷头的丝口上缠生料带，以起到止水的作用；
（5）用堵漏材料把注浆口封住。

3.5.3 管片纵、环缝渗漏

1. 图片展示

图 3.5.5　管片止水粘贴脱落

图 3.5.6　环缝渗漏

2. 质量问题分析

（1）防水材料未经抽样检验或技术指标不符合规范要求；

（2）管片嵌缝防水材料粘贴时槽缝未经清理、不平整且在抹胶时基面未经风干，造成防水材料粘贴不牢；

（3）管片运输及装拼的过程中，损坏防水材料；

（4）管片拼装施工中未仔细控制相邻管片的错台率造成相邻管片间防水胶条的搭接量或压缩量不足；

（5）成型后管片背后注浆不充分；

（6）隧道管片运输、拼装碰撞导致管片外弧石混凝土大面积破损。

3. 防治措施

（1）严格执行防水材料进场检查验收，使用符合设计要求且型号及尺寸与管片型号配套的防水密封材料；

（2）防水材料在运输、堆放及使用前应采取防雨防潮措施对其进行保管；

（3）粘胶时应注意对管片槽缝进行风干处理，尽量避开雨天粘胶，且对混凝土基面进行处理；

（4）严格执行管片进场及工序施工检查验收制度；

（5）及时对成型管片背后进行注浆处理；

（6）控制管片生产运输及拼装的关键质量环节。

3.5.4 联络通道与隧道管片接缝渗漏

1. 图片展示

图 3.5.7 联络通道与隧道管片接缝渗漏

图 3.5.8 隧道管片接缝未渗漏

2. 质量问题分析

（1）外贴式止水带未贴、漏贴、损坏或搭接不当；

（2）没有使用水膨性止水胶或填充不饱满，粘贴面不平未密贴；

（3）联络通道初衬及二衬在改连接处的混凝土质量不过关，存在孔洞、气泡及开裂等；

（4）联络通道位置附近管片衬背间隙未注浆饱满，地下水量大，局部水压过大而致使接缝防水失效出现渗漏；

（5）基面不干燥，地下水没采取集中引排、混凝土结构终凝前已击穿。

3. 防治措施

（1）保证外贴式止水带原材料质量，施工前再次检查无质量问题后方可进行粘贴；

（2）止水带需贴满，不得漏贴，搭接得当，基面要平整，保证密贴及粘贴牢靠；

（3）联络通道初衬、二衬在接缝处的混凝土加强振捣，保证密实；

（4）联络通道位置附近管片需要进行二次注浆，将管片衬背间隙填充饱满，防止接缝处水压局部增大，导致防水薄弱处产生渗漏；

（5）接口基面必须引排结合，保持基面干燥，引水管宜采用带阀门的钢管。

3.5.5 洞门与隧道管片接缝渗漏、不平顺

1. 图片展示

图 3.5.9 洞门与隧道管片接缝渗漏、不平顺　　图 3.5.10 洞门与隧道管片接缝平顺

2. 质量问题分析

（1）外贴式止水带没贴、漏贴、损坏或搭接不当；

（2）水膨性止水条破损或施工前已被水浸泡而失去膨胀止水作用；

（3）后浇洞门环梁在连接处的混凝土质量不满足要求，存在孔洞气泡等；

（4）洞门隧道管片二次注浆不饱满，局部接缝地下水压过大，使得接缝防水处理薄弱处产生渗漏；

（5）钢模板变形，不能与隧道管片紧密贴合；

（6）隧道管片错台，钢模板不能与其紧密贴合；

（7）混凝土浇筑过程中或浇筑完但未凝结时，钢模板受碰撞变形，导致混凝土凝固后接口不平顺；

（8）止水条粘贴的基面不干燥或不平整。

3. 防治措施

（1）保证外贴式止水带原材料质量，施工前再次检查无质量问题后方可进行粘贴；

（2）止水带需贴满，不得漏贴，搭接得当；

（3）后浇洞门环梁混凝土浇筑时需振捣密实，尤其是 3 点～9 点位置以上部分；

（4）在拆除 0 环管片前，应对 1～3 环管片进行二次注浆，将管片衬背填充饱满，避免接缝处地下水压局部增大；

（5）钢模板安装前，对其质量进行检查，确保其弧度与隧道管片吻合；

（6）在 1 环管片拼装时要特别重视，保证其不发生错台；

（7）混凝土浇筑过程及之后要做好防护工作，保证模板的稳定；

（8）洞门渗漏引排干燥后方可粘贴止水条；引排水宜采用带阀的钢管。

3.5.6 隧道管片修补堵漏外观质量差

1. 图片展示

图 3.5.11 隧道管片修补堵漏外观质量差

图 3.5.12 隧道管片

2. 质量问题分析

（1）堵漏后未及时清理；

（2）管片修补材料色差较大；

（3）修补的混凝土未养护，收缩开裂，未进行修光打磨；

（4）隧道管片修补未勾缝处理。

3. 防治措施

（1）同批管片生产时尽量选择相同场地的原材料、同一配合比，以及相同厂家相同生产方式生产的水泥，并尽量选择颜色性质相同的水泥；

（2）拆模色差会随时间的流逝而消失，表面充分洒水养护，养护用水必须进行保护，尽量使用慢水养护；

（3）堵漏后及时清理渣土，确保现场的文明施工；

（4）管片混凝土修补面要湿水养护并进行修光打磨处理；

（5）管片面修补后要勾缝保留原样。

第 4 章 矿山法隧道施工质量通病防治

4.1 洞内、地面加固

4.1.1 超前小导管安装及注浆质量不满足设计要求

1. 图片展示

图 4.1.1 超前小导管安装及注浆质量不满足设计要求　　图 4.1.2 超前小导管安装及注浆示意图

2. 质量问题分析

（1）小导管孔的孔径、孔深、外插角不符合设计要求；
（2）注浆参数、压力控制不到位；
（3）注浆顺序不符合设计要求。

3. 防治措施

（1）严格按照布设的孔位打孔，在钻孔过程中，采用经纬仪、角度尺、测斜尺随时检查孔位和钻孔角度，出现偏差及时修正；

（2）水泥浆液采用拌和桶配制，配制水泥浆液或稀释水玻璃浆液时，应防止杂物混入，配制好的浆液必须过滤后使用；

（3）配制好的浆液应在规定时间内注完，随配随用；

（4）注浆顺序为由下至上，浆液先稀后浓，注浆量先大后小，注浆压力由小到大；

（5）严格按照技术交底要求施工，严格控制注浆压力。

4.1.2 大管棚安装及注浆质量不满足设计要求

1. 图片展示

图 4.1.3 大管棚安装及注浆质量不满足设计要求　　图 4.1.4 标准大管棚

2. 质量问题分析

（1）钻机定位误差，外插角不够；
（2）钻杆自重与旋转产生偏离；
（3）管棚水平外插角角度小；
（4）相邻钢管方向不平行；
（5）注浆压力过大；
（6）定向不准；
（7）钻机定位不牢，施工安装过程中因位移产生偏差。

3. 防治措施

（1）在安装的过程中适当增大管棚外插角；
（2）增大曲线内侧管棚水平内插角；
（3）严格控制钻孔的水平方向；
（4）加大钻头直径；
（5）严格按施工方案控制注浆压力；
（6）间隔注浆；
（7）精确测定导向管的位置和方向；
（8）钻机安装牢固；
（9）根据地层变化情况，随时调整钻机参数。

4.1.3 加固效果达不到设计及施工要求

1. 图片展示

图 4.1.5 加固取芯渣样（一）　　图 4.1.6 加固取芯渣样（二）

2. 质量问题分析

（1）加固方法选择不恰当；

（2）加固施工参数设置不合理；

（3）加固施工未能严格按方案及规范实施。

3. 防治措施

（1）根据现场条件、地层和施工能力多方面考虑后根据实际需要合理选择加固方式（旋喷桩、搅拌桩加固、袖阀管等）；

（2）根据具体地质条件及实际需要设置合理的施工参数（加固范围、注浆量、水灰比、压力、提升速度等），应进行工艺性试验；

（3）严格按设计及规范组织开展施工；

（4）做好地面钻孔取芯检验工作。

4.2 竖井施工

4.2.1 定位错误及围护结构侵限

1. 图片展示

图 4.2.1 定位错误、围护结构侵限（一）

图 4.2.2 定位错误、围护结构侵限（二）

2. 质量问题分析

（1）竖井定位未经严格复核，测量基标有误；
（2）竖井定位未考虑外放等因素；
（3）施工过程未做好垂直度控制导致侵限；
（4）冲桩过程中在软硬围岩交界位置冲击锤锤速过快导致偏锤。

3. 防治措施

（1）严格实施三级复核制度，定时对测量基标进行校准；
（2）考虑施工过程中的误差，围护结构适当外放；
（3）严格控制施工过程中的垂直度，针对侵限的围护结构，需经设计单位同意后进行处理，确保结构尺寸；
（4）在围护桩软硬围岩交界位置处冲桩过程中，要督促冲桩作业人员慢速冲锤，加强垂直度检查，发生有偏锤情况要孔桩内局部回填后再冲。

4.2.2 围护结构钢筋笼制作质量缺陷

1. 图片展示

图 4.2.3　钢筋笼焊伤咬边　　　　　　图 4.2.4　标准钢筋笼

2. 质量问题分析

（1）焊缝长度不足，不饱满，焊面不平整，有较大的凹陷；

（2）焊瘤、焊缝咬边现象，焊条不合格，焊渣未敲掉。

3. 防治措施

（1）焊工必须是持上岗证的熟练技工；

（2）加强工序验收，验收过的成品挂牌分区堆放，避免未经验收的钢筋笼入孔。

4.2.3 竖井基坑爆破超欠挖

1. 图片展示

图 4.2.5 爆破欠挖

图 4.2.6 竖井开挖格栅钢架安装质量缺陷

2. 质量问题分析

（1）爆破开挖面成型差，有超欠挖情况；

（2）初支喷混凝土滞后，工序衔接不紧凑，导致开挖围岩面长时间暴露；

（3）欠挖部分未处理，导致初支厚度不足。

3. 防治措施

（1）钻孔质量控制：钻孔由有操作资格和上岗证的技工操作，钻孔时分区、定人、定位施钻。按设计并依据测量数据确定孔位，炮孔位置、方向和深度必须符合设计要求，做到"准、正、平、直、齐"；

（2）装药质量控制：装药前，用高压风将孔吹干净；装药时，按设计并结合实际情况确定每孔装药量、装药密度、装药结构，孔口堵塞要有足够的长度，并且要堵塞密实；

（3）起爆网络连接质量控制：采用孔内微差爆破网络。注意控制好单响起爆药量大小、炮孔起爆顺序及前后排间隔时间。按照设计网络连接，并注意是否有漏堵炮孔、漏接导爆管及导爆管爆破传播方向有无打结、弯折现象；

（4）爆破完成后要检查断面尺寸，有欠挖情况必须处理；

（5）基坑开挖一定要严格执行短进尺、强支护、快封闭原则。

4.2.4 竖井开挖及格栅钢架质量缺陷

1. 图片展示

图 4.2.7 竖井开挖格栅钢架安装质量缺陷（一） 图 4.2.8 竖井开挖格栅钢架安装质量缺陷（二）

2. 质量问题分析

（1）格栅钢架支护喷混凝土封闭不及时；

（2）格栅钢架下方土体超挖；

（3）格栅钢架安装不平顺、不平整；

（4）格栅钢架之间连接筋未实现搭接焊。

3. 防治措施

（1）严格执行短进尺、快封闭的基坑开挖、支护原则，上一循环未封闭不得进入下道工序施工；

（2）严格控制超挖，按照设计规定进尺控制每一循环进尺，严禁两榀或两榀以上连续开挖；

（3）格栅钢架安装必须横平竖直，用水准尺进行检查，接头连接平顺，螺栓拧接牢固；

（4）格栅钢架连接筋必须保证搭接焊。

4.2.5 竖井支护喷射混凝土质量缺陷

1. 图片展示

图 4.2.9 钢筋锈蚀严重

图 4.2.10 基坑支护喷射混凝土后

2. 质量问题分析

（1）基面不平整，喷混凝土有流淌现象；

（2）基面有渗漏水；

（3）预留结构钢筋未做防锈处理，锈蚀严重。

3. 防治措施

（1）喷射混凝土之前对开挖面进行检查，欠挖必须处理，渗水集中引流，保证喷混凝土基面无明水；

（2）喷射手必须是持上岗证的成熟技工，必须严格按照喷射混凝土配比进行配料并搅拌充分且及时使用，喷射手严格按照喷射混凝土操作规程进行操作，做好喷射厚度标识，喷射完成后应对初支面进行平整度测量，偏差较大时应补喷；

（3）竖井二衬结构应根据设计要求安排施作时间，如长时间结构不闭合，则必须对预留钢筋进行防锈处理。

4.2.6 竖井围护结构鼓包质量缺陷

1. 图片展示

图 4.2.11 围护结构鼓包、侵限

图 4.2.12 正常围护结构混凝土墙面

2. 质量问题分析

围护结构成孔（槽）施工时发生坍塌，导致混凝土浇筑围护结构发生鼓包、侵限等质量缺陷。

3. 防治措施

（1）根据地质情况，对软弱地层或回填土地层预先进行加固；

（2）增加护筒设置；

（3）严控泥浆比重，在较差地层适当加大比重；

（4）成孔（槽）过程中如发现有坍塌现象，应回填后重新成孔（槽）。

4.2.7 竖井钢筋混凝土结构接缝烂根质量缺陷

1. 图片展示

图 4.2.13 振捣不到位混凝土离析

图 4.2.14 正常竖井混凝土墙面

2. 质量问题分析

（1）旧混凝土面施工缝凿毛不到位，浇混凝土前未在接缝处先铺淌一层砂浆；

（2）混凝土配合比太大，导致碎石下沉，浆液上浮；

（3）2m 以上高度浇混凝土未采用梭槽或导管，发生混凝土离析现象；

（4）混凝土振捣不到位；

（5）模板接缝不平顺，不密贴，浇混凝土时发生漏浆现象。

3. 防治措施

（1）结构侧墙模板施工前检查施工凿毛情况，必须凿毛到位；

（2）浇混凝土之前先浇一层 5cm 厚的砂浆；

（3）严格控制泵送混凝土配合比不大于 0.45，坍落度不大于 20mm；

（4）2m 以上高度浇混凝土必须采用梭槽或导管；

（5）采用两次振捣，一为浇筑时插入式振捣，二为初凝前外置式振动，确保混凝土振捣密实；

（6）模板接缝平顺、密贴、牢固，防止浇混凝土时发生漏浆现象。

4.3 正洞开挖

4.3.1 进洞前注浆达不到设计及施工要求

1. 图片展示

图 4.3.1　小导管

图 4.3.2　正洞开挖

2. 质量问题分析

（1）加固施工参数设置不合理；

（2）未设置止浆墙，注浆压力、注浆量无法保证；

（3）加固施工未能严格按方案及规范实施（开孔数量、加固范围及深度、注浆量、注浆压力等）。

3. 防治措施

（1）根据设计要求，制定详细的施工方案，明确注浆压力、注浆量等重要的施工参数，并经过监理审查；

（2）把超前小导管注浆的施工参数对施工作业人员做详细的技术交底；

（3）施工中对钻孔情况、注浆参数的执行情况进行检查，确保施工参数按照方案要求得以落实到位；注浆结束后，必须钻孔检查注浆效果，如未达到要求时需要补孔注浆；

（4）开洞前通过水平探孔等措施检验加固注浆效果。

4.3.2 注浆引起地面建筑物及洞内成型隧道变形

1. 图片展示

图 4.3.3　注浆不当引起的地面裂缝　　　　图 4.3.4　加强地面监测

2. 质量问题分析

压力设置、施工控制不当导致地面建筑物及洞内成型隧道产生不良影响。

3. 防治措施

（1）根据设计要求，制定详细的施工方案，明确注浆压力、注浆量等重要的施工参数，并经过监理审查，正式注浆前应进行工艺性试验；

（2）把注浆的施工参数对施工作业人员做详细的技术交底，并监督注浆过程，注浆采用双控，控制注浆量和注浆压力；

（3）注浆过程中，加强对地面建（构）筑物以及洞内范围的监测、巡视工作，发现异常情况立即停止注浆，再调整相关参数。

4.3.3 开挖时超挖或欠挖

1. 图片展示

图 4.3.5　开挖时欠挖

图 4.3.6　修复后照片

2. 质量问题分析

（1）测量放样不精确；

（2）岩石隧道未采取光面爆破；

（3）挖掘机开挖时直接开挖到设计开挖轮廓边缘；

（4）地质情况较差、土体垂直节理发育、稳定性差、局部出现坍塌；

（5）掌子面开挖后架设拱架前不进行初喷，导致掌子面失水松散掉块；

（6）超前支护施作不到位。

3. 防治措施

（1）测量放样时要精确标出开挖轮廓线，在开挖过程中控制好开挖断面，做到测量精确；

（2）岩石隧道爆破开挖时要严格按照爆破施工技术交底进行提前准备，精确控制好炮眼间距，并严格控制装药量；

（3）在开挖过程中还需根据实际情况确定预留变形量，应将施工中可能发生的围岩变化情况（掉块或塌落）进行考虑；

（4）严格按设计施作超前支护，控制好外插角、间距、数量、长度、搭接长度，防止因超前支护施作不到位造成超挖；

（5）预留开挖轮廓边缘线，在开挖过程中采用人机配合，避免机械开挖造成超、欠挖现象；

（6）地质情况较差、局部出现坍塌时根据实际情况尽快施作初期支护进行封闭处理；

（7）存在较大超挖时，初支完成后应及时进行背后注浆。

4.3.4 爆破效果差

1. 图片展示

图 4.3.7　爆破后欠挖

图 4.3.8　爆破效果差

2. 质量问题分析

（1）爆破设计方案不合理，没有根据围岩情况的变化及时调整爆破参数；

（2）周边眼位置不准确，外插角偏大或不一致；

（3）爆破工责任心不强，未按照钻爆设计的装药结构、装药量和雷管的段数进行装药。

3. 防治措施

（1）根据围岩情况进行爆破设计，并根据围岩变化及时调整爆破参数；

（2）加强爆破工的责任心，提高业务水平，施工中严格按照爆破设计的装药结构、装药量和雷管段数进行装药；

（3）测工应每循环对开挖断面进行准确测量；

（4）每次爆破后要对爆破效果进行检查分析，调整优化爆破设计及施工。

4.3.5 锚杆施工不符合设计要求

1. 图片展示

图 4.3.9　锚杆安装不符合设计要求

图 4.3.10　锚杆施工不符合设计要求

2. 质量问题分析

（1）锚杆施工作业交底不到位；
（2）锚杆钻孔深度、位置、孔径、角度不符合要求；
（3）锚杆打入长度不够；
（4）锚固材料使用不当或用量偏少。

3. 防治措施

（1）加强锚杆施工作业交底，保证作业人员熟悉图纸，且掌握操作要领；
（2）加强施工过程监督和工序验收；
（3）要按设计及规范要求进行锚杆拉拔试验。

4.4 格栅拱架

4.4.1 格栅拱架加工质量差

1. 图片展示

图 4.4.1 格栅钢筋焊接质量差

图 4.4.2 标准格栅钢筋拱架

2. 质量问题分析

（1）格栅拱架加工作业交底不到位，下料的过程中未按图纸施工；

（2）现场管理人员质量意识较差，把关不严；

（3）电焊工技术较差，责任心不强，没有严格按照规定的焊接参数操作。

3. 防治措施

（1）检查钢筋、型材等原材料是否满足设计和规范要求，检查下料的尺寸、型号是否满足设计要求；

（2）焊制前进行焊工摸底试焊，并按照规范选用焊接电流、电压、引弧速度等，确保焊接质量；

（3）监理应对格栅模具进行验收，检查尺寸、弧度是否满足设计要求；

（4）第一榀格栅加工好后必须进行试拼检查净空尺寸，满足设计、规范要求后方能批量生产；

（5）格栅加工过程中加强巡视及检查，发现问题应及时纠正，所有格栅必须检验合格后方能下井安装；

（6）做好半成品的保护措施，特别是格栅的运输，防止格栅扭曲；

（7）格栅拱架合格成品与待检半成品需分类堆放。

4.4.2　格栅拱架安装不规范

1. 图片展示

图 4.4.3　格栅钢架连接不规范

图 4.4.4　测量格栅钢架连接间距图

2. 质量问题分析

（1）格栅钢架安装作业交底不到位；
（2）施工安装人员过程监督、工序验收把关不严。

3. 防治措施

（1）拱架安装时一定要保证拱架垂直于隧道中心线；
（2）安装上部拱架时控制好拱架角度、方向和垂直度；
（3）纵向连接筋焊接时应焊接在拱架内腹板上，防止影响喷混凝土平顺度；
（4）严格检查两榀格栅钢架纵向间距，控制在允许偏差范围内；
（5）格栅拱架安装完成后，立即进行连接筋的设置并用锁脚锚杆固定，防止拱架发生位移。

4.4.3 格栅拱架之间连接筋焊接不满足设计及规范要求

1. 图片展示

图 4.4.5 纵向连接筋搭接长度不符合设计要求（一）

图 4.4.6 纵向连接筋搭接长度不符合设计要求（二）

2. 质量问题分析

（1）前一榀预留纵向连接筋长度不能满足搭接长度要求；

（2）电焊工技术较差，责任心不强；

（3）钢筋翻样和配料时疏忽大意，没有认真安排好原材料的下料长度。

3. 防治措施

（1）安装前一榀格栅钢架时，要预留满足搭接长度的纵向连接筋，保证下榀连接满足设计要求，并对预留的连接筋采取防止喷射混凝土包裹的措施；

（2）检查连接筋与格栅钢架的搭接、焊接质量；

（3）配料时严格按照设计图纸和规范对原材料进行下料。

4.4.4 锁脚锚管打设数量及角度与设计不符

1. 图片展示

图 4.4.7　锁脚锚管打设角度不对　　　图 4.4.8　锁脚锚管打设正确角度

2. 质量问题分析

（1）锁脚锚管打设角度、高度、深度偏差、数量不足；

（2）现场管理人员质量意识较差，放松管理，间距大；

（3）未按图纸严格施工，没有对作业人员进行技术交底。

3. 防治措施

（1）根据设计要求，制定详细的施工方案，明确打设角度及数量等重要的施工参数，并经过监理审查；

（2）把锁脚锚管的施工参数对施工作业人员做详细的技术交底；

（3）施工中对锚管数量及打设角度进行检查，确保按照方案要求得以落实到位。

4.4.5 钢筋网片安装不规范

1. 图片展示

图 4.4.9 钢筋网片安装凌乱

图 4.4.10 标准钢筋网片安装

2. 质量问题分析

（1）钢筋网片加工时规格、尺寸不满足设计要求；

（2）网片安装时未按设计要求安放，网片间搭接长度不满足要求。

3. 防治措施

（1）严格按照设计文件要求进行网片加工；

（2）安装时严格按照设计及施工方案要求进行施工。

4.5 喷射混凝土质量

4.5.1 喷射混凝土厚度不足

1. 图片展示

图 4.5.1　喷射混凝土厚度不足　　　　图 4.5.2　喷射混凝土后的隧道

2. 质量问题分析

（1）喷射混凝土时在岩壁未设置厚度标尺；

（2）开挖断面存在欠挖情况，喷射混凝土前未作欠挖处理。

3. 防治措施

（1）喷射混凝土前，应在岩壁上设置厚度标尺；

（2）喷射作业前应对喷射工人进行详细的技术交底，确保喷射工人掌握质量控制要点；

（3）喷射混凝土前对开挖断面进行检查，有欠挖及时处理到位。

4.5.2 超挖填充不规范

1. 图片展示

图 4.5.3　超挖部分填充石块（一）　　　图 4.5.4　超挖部分填充石块（二）

2. 质量问题分析

（1）施工单位为降低造价，使用建筑废料、方木、石块、木块等填充超挖部分；

（2）施工人员质量意识较差，未对操作人员进行技术交底。

3. 防治措施

（1）加强施工过程监督，对类似现象要重处重罚，强化管理；

（2）对施工人员进行详细的技术交底，确保喷射工人掌握质量控制要点；

（3）严格按施工方案及爆破设计进行施工，尽可能控制好开挖质量，控制超挖；

（4）初支后，要预埋注浆管对超挖部位进行注浆填充。

4.5.3 喷射混凝土平整度差,存在露筋现象

1. 图片展示

图 4.5.5 初支露筋

图 4.5.6 喷射混凝土后图片

2. 质量问题分析

(1) 欠挖未按要求处理;

(2) 水泥、砂、石和外加剂等原材料进场控制不严,拌合站未严格按照施工配合比拌料,喷射混凝土回弹量大;

(3) 喷射工人未掌握喷射混凝土质量要点,技术不熟练。

3. 防治措施

(1) 喷射混凝土前,应在岩壁上设置厚度标尺;

(2) 做好喷射混凝土原材料的质量控制,对喷射混凝土的配合比应严格控制,采取有效措施减少回弹量;

(3) 喷射作业前应对喷射工人进行详细的技术交底,确保喷射工人掌握质量控制要点;

(4) 喷射混凝土前对开挖断面进行检查,有欠挖及时处理到位。

4.5.4 初支背后空洞

1. 图片展示

图 4.5.7 初支背后空洞

图 4.5.8 修复后照片

2. 质量问题分析

（1）超挖或开挖后未及时进行支护导致局部的塌落，而施作喷射混凝土前又未按要求用同级混凝土进行回填密实；

（2）拱顶喷混凝土由于是垂直作业，在自重作用下喷混凝土混合料易与接触面出现较大空隙，造成空洞；

（3）架设的拱架及钢筋网也阻挡喷射混凝土与围岩大面积接触，在其上形成混凝土壳体，因而造成空洞；

（4）喷混凝土前施工人员违规填塞不合格材料。

3. 防治措施

（1）从源头做起，尽可能控制好开挖质量，控制超挖；

（2）在开挖前加强超前小导管施工，开挖后尽快封闭掌子面，喷射混凝土前对超挖或塌落部位进行同级混凝土回填，再进行喷混凝土施工；

（3）喷混凝土作业时要严格按照施工工艺施作喷射混凝土；

（4）采用地质雷达探测对初支背后的空洞进行检测，发现空洞应采取打眼压浆处理，必须保证注浆的密实性。

4.5.5 初支背后回填注浆不密实

1. 图片展示

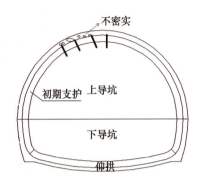

图 4.5.9 初支背后回填注浆示意图

图 4.5.10 初支背后回填注浆

2. 质量问题分析

（1）回填注浆过程中，施工参数控制不当，导致注浆效果不明显或注浆压力过大导致初支开裂；

（2）施工管理人员对作业人员技术交底不彻底；

（3）注浆量不足。

3. 防治措施

（1）根据设计要求，制定详细的施工方案，明确注浆压力、注浆量等重要的施工参数，并经过监理审查；

（2）把注浆的施工参数对施工作业人员做详细的技术交底；

（3）施工中对钻孔情况、注浆参数的执行情况进行检查，确保施工参数按照方案要求得以落实到位；注浆结束后，必须钻孔检查注浆效果，如未达到要求时需要补孔注浆。

4.6 防水基面处理

4.6.1 防水基面处理不到位

1. 图片展示

图 4.6.1　基面处理不平顺　　　　　　图 4.6.2　基面处理修复

2. 质量问题分析

（1）防水施工前未对初支表面的渗漏点进行封堵；

（2）喷射混凝土外表面凹凸不平，存在外露锚杆头或钢筋头等硬物或其他杂物。

3. 防治措施

（1）采用注浆堵水或埋设排水管将渗漏水引至排水沟，保持基面无明显渗漏水；引排水必须采用钢管引出结构外，结构施工之后再堵漏；

（2）对初支混凝土表面外露锚杆头、钢筋头等硬物进行割除或清理；

（3）对初支表面凹凸不平处用水泥砂浆进行抹平处理，使混凝土表面平顺。

4.6.2 初支渗漏水

1. 图片展示

图 4.6.3　初支渗漏水（一）　　　　图 4.6.4　初支渗漏水（二）

2. 质量问题分析

（1）地下水系发育；
（2）初支混凝土不密实；
（3）混凝土配合比不满足设计要求；
（4）地下水位过高；
（5）基面防水处理不彻底，潜压水击穿结构。

3. 防治措施

（1）根据周边情况分析，必要时在隧道周边施做降水井；
（2）初支施工时严格按照设计要求对施工人员进行技术交底，保证初支施工质量；
（3）喷射混凝土时及时检查混凝土配合比；
（4）在初支施工时预留足量的注浆管，待初支封闭后及时对初支背后进行回填注浆；
（5）间隔一定距离预埋泄压管。

4.6.3 防水板搭接长度或焊接质量不满足设计要求

1. 图片展示

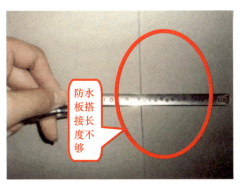
图 4.6.5 防水板搭接长度不够

图 4.6.6 防水板施工

2. 质量问题分析

（1）防水板搭接长度不满足设计图纸要求；

（2）防水板焊接时未按要求使用专业的焊接工具；

（3）未按要求对防水板焊接质量进行检查和验收。

3. 防治措施

（1）铺设前进行精确放样，弹出标准线进行试铺后确定防水板一环的尺寸，尽量减少接头；

（2）严格按照技术交底使用专业焊接工具，防水板之间的搭接缝应采用双焊缝、调温、调速热楔式功能的自动爬行式热合机热熔焊接，细部处理或修补采用手持焊枪；

（3）防水板施工时现场质检人员应对防水板铺设质量进行检查，及时发现和纠正施工中存在的问题。

4.6.4 防水板破损

1. 图片展示

图 4.6.7 防水板破损

图 4.6.8 防水板施工

2. 质量问题分析

（1）基面未清理干净，外露锚杆、钢筋头未切除或切除后未用砂浆抹平；

（2）焊接二衬钢筋时对防水板保护不当或机械刮碰造成防水板破损；

（3）防水板焊接不牢固，吊挂点数量不足、间距过大，松紧不适中。

3. 防治措施

（1）防水板铺设前必须将基面清理干净，外露锚杆、钢筋头彻底切除后用砂浆抹平；

（2）挂设防水板前，仰拱预埋钢筋采用塑料管套保护，焊接钢筋时在其周围用石棉水泥板进行遮挡；

（3）防水层按环状铺设，并视材质采取相应接合方法，接合牢固，吊挂点间距满足设计要求；

（4）二衬钢筋绑扎完成后，要对防水板进行复查，发现有损坏现象及时进行修补焊接处理；

（5）施工中注意成品保护，杜绝机械刮碰等。

4.6.5 变形缝、施工缝处渗水及止水带安装不符合要求

1. 图片展示

图 4.6.9　止水带未搭接　　　　　图 4.6.10　止水带搭接

2. 质量问题分析

（1）止水带固定不牢或位置偏离；

（2）止水带接头处未能形成搭接；

（3）混凝土振捣不实，出现较大的孔洞；

（4）成品保护不当，预留止水带被破坏；

（5）混凝土浇筑前变形缝、施工缝处未进行凿毛、清洗；

（6）止水钢板安装有误。

3. 防治措施

（1）止水带预埋时位置应准确，并固定牢固；

（2）接头处搭接必须平顺，搭接长度必须满足设计要求；

（3）灌注仰拱混凝土时，应严格控制浇筑的冲击力，振捣时避免直接碰撞预埋止水带；

（4）变形缝浇筑前，必须将原混凝土面虚碴、杂物、积水等清理干净；

（5）施工缝浇筑前应凿毛，清洗干净。

4.7 二衬钢筋

4.7.1 钢筋绑扎不规范

1. 图片展示

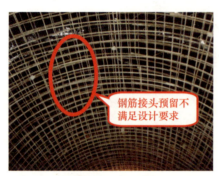

图 4.7.1 钢筋接头预留不满足设计要求

图 4.7.2 二衬钢筋施工照片

2. 质量问题分析

（1）钢筋未严格按设计要求进行绑扎；

（2）浇捣混凝土过程中钢筋被机具碰歪撞斜，没有及时纠正，或被操作人员踩踏；

（3）振捣混凝土时直接顶撬钢筋，造成钢筋位移；

（4）对图纸了解不透彻或未按配料单配料；

（5）绑扎不符合要求，主筋位置弄错放反，板筋绑扎、扎丝花扣不符合规范，缺扣松扣；

3. 防治措施

（1）钢筋绑扎或焊接必须牢固，固定钢筋措施应可靠有效，为使保护层厚度足够，垫块应沿主筋方向摆放，位置正确、数量足够；

（2）混凝土浇捣过程中应采取措施，尽量不碰撞钢筋，严禁砸压、踩踏钢筋和直接顶撬钢筋；浇捣过程中要有专人随时检查钢筋位置及时校正；

（3）宜优先采用放大样的方法施工，构件绑扎后，应采取可靠的限位装置，防止搬运过程中变形，做好相应的成品保护工作；

（4）钢筋接头按照设计及规范要求绑扎，不能在同一截面内。

4.7.2 二衬钢筋层距不满足设计要求

1. 图片展示

图 4.7.3 二衬钢筋层距不满足要求

图 4.7.4 二衬钢筋施工照片

2. 质量问题分析

（1）定位筋焊接不牢；
（2）测量放线误差；
（3）超挖过大；
（4）欠挖未处理到位；
（5）钢筋安装未严格按图施工。

3. 防治措施

（1）严格按照技术交底进行施工，对隧道超挖部分用同等级混凝土回填；
（2）加强定位筋焊接质量管理；
（3）对测量人员进行培训，防止放线过程中出现错误；
（4）欠挖应按规范处理到位；
（5）加强质量管理，把好质量关。

4.7.3 钢筋焊缝不饱满

1. 图片展示

图 4.7.5 钢筋焊缝不饱满

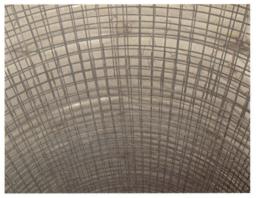

图 4.7.6 二衬钢筋施工照片

2. 质量问题分析

（1）操作人员未经专业培训上岗作业；

（2）操作人员未认真操作，操作时没有进行质量检查；

（3）焊接电流过大。

3. 防治措施

（1）操作人员必须持证上岗；

（2）做好焊接技术交底，焊接过程中及时清理焊渣，检查焊缝，发现不符合要求应及时补焊；

（3）钢筋焊接时，针对不同型号的钢筋调节电流，脱落的进行补焊；

（4）焊接作业人员必须自检。

4.7.4 钢筋焊缝夹渣

1. 图片展示

图 4.7.7　钢筋焊缝夹渣

图 4.7.8　二衬钢筋施工照片

2. 质量问题分析

（1）焊工操作不熟练或选用焊条不当，焊接电流小；

（2）钢筋表面存在锈蚀、氧化皮、水泥等污染，或焊接熔渣渗入焊缝。

3. 防治措施

（1）采用符合钢材性能及质量要求的焊条，正确选择焊接电流；

（2）焊接前必须将钢筋上残留的杂物清理干净；

（3）在搭接焊和帮条焊接时，注意熔渣的流动方向，特别是采用酸性焊条时，必须使熔渣留在熔池后面。

4.7.5 钢筋焊缝气孔

1. 图片展示

图 4.7.9 钢筋焊缝气孔

图 4.7.10 二衬钢筋施工照片

2. 质量问题分析

（1）焊条本身质量低劣，焊条受潮未按要求烘干，焊条药皮变质或剥落，焊芯锈蚀等；

（2）焊条及焊件上沾有铁锈、油污等杂质；

（3）焊接电流过大、电弧长度过长、电源电压波动过大，导致电弧不稳定燃烧等。

3. 防治措施

（1）选用质量合格且型号对应的焊条；

（2）焊接前应对焊口附近及焊条表面的油污、锈斑等清理干净；

（3）控制好电流大小、焊接速度，焊前将工件预热，焊接终了或中途停顿时，电弧要缓慢撤离，有利于减慢熔池冷却速度和熔池内气体的排出，避免出现气孔缺陷；

（4）减少焊接操作地点的湿度，提高操作环境的温度；在室外焊接时，如风速达8m/s、降雨、露、雪等，应采取挡风、搭雨棚等有效措施后，方能焊接操作。

4.7.6 钢筋保护层不符合规范要求

1. 图片展示

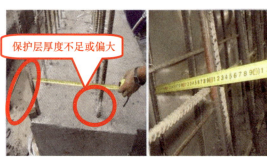

图 4.7.11　保护层厚度不足或偏大　　　图 4.7.12　二衬钢筋施工照片

2. 质量问题分析

（1）施工未设置专用的钢筋保护层塑料垫卡或预制垫块，垫块位置不正确，绑扎不牢固，或使用碎石块代替垫块；

（2）保护层垫块设置数量不足；

（3）主筋之间的钩筋数量不足且固定不牢。

3. 防治措施

（1）钢筋保护层宜选用质量合格的塑料垫卡，使用水泥砂浆预制垫块时，其强度、厚度、尺寸应符合有关要求；

（2）钢筋保护层厚度应按照设计图纸要求设置；

（3）主筋之间的钩筋应按设计要求设置，其加工偏差应符合规范要求；

（4）安装不易变形的定位块。

4.7.7 杂散电流钢筋安装不规范

1. 图片展示

图 4.7.13 杂散电流钢筋未焊接

图 4.7.14 二衬钢筋施工照片

2. 质量问题分析

（1）连接端子加工不规范；

（2）连接端子安装时定位不准确；

（3）二衬钢筋与排流条钢筋焊接不符合规范要求。

3. 防治措施

（1）严格保证连接端子加工质量，安装时定位准确；

（2）钢筋焊接时保证钢筋成为统一电气整体，焊点位置及工艺满足规范要求，严禁脱焊、虚焊。

4.8 二衬混凝土

4.8.1 二衬混凝土表面麻面、蜂窝

1. 图片展示

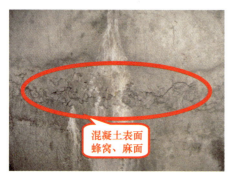

图 4.8.1　二衬混凝土表面麻面、蜂窝

图 4.8.2　二衬混凝土浇筑后

2. 质量问题分析

（1）混凝土配合比不当，造成浆液少、石子多；

（2）振捣时间不够、振捣不实，气泡未排出，或排出气泡聚集在台车起拱部位；

（3）台车表面粗糙或粘附水泥浆渣等杂物未清理干净，拆模时混凝土表面被粘坏；

（4）台车脱模剂涂刷不匀或局部漏刷、失效；

（5）振捣不均匀，不密实。

3. 防治措施

（1）浇筑前台车表面需清理干净，不得粘有干硬水泥砂浆；

（2）浇筑混凝土前，均匀涂刷脱模剂，不得漏刷；

（3）每道模板接缝需用海绵条密封，台车端头、底部缝隙，应用木板配合油毡或海绵条堵严，浇筑过程中准备封堵材料以备随时抢堵；

（4）混凝土的坍落度要适度，施工缝处等应先浇筑同强度的水泥砂浆，以保障混凝土接缝施工质量；

（5）增加附着式振捣的措施，均匀振捣。

4.8.2 混凝土出现露筋现象

1. 图片展示

图 4.8.3 露筋

图 4.8.4 二衬混凝土浇筑后

2. 质量问题分析

（1）灌筑混凝土时，钢筋保护层垫块位移、垫块太少或漏放，致使钢筋紧贴模板外露；

（2）结构构件截面小，钢筋过密，石子卡在钢筋上，使水泥砂浆不能充满钢筋周围，造成露筋；

（3）混凝土配合比不当，产生离析，靠模板部位缺浆或模板漏浆；

（4）混凝土保护层太小或保护层处混凝土振捣不实，或振捣棒撞击钢筋或踩踏钢筋，使钢筋位移，造成露筋。

3. 防治措施

（1）浇灌混凝土应保证钢筋位置和保护层厚度正确，缝隙处应仔细封堵；

（2）混凝土振捣时严禁撞击钢筋，操作时，避免踩踏钢筋；

（3）保护层混凝土要振捣密实，正确掌握脱模时间，防止过早拆模，避免碰坏棱角。

4.8.3 混凝土表面色泽不一致

1. 图片展示

图 4.8.5 色泽不一致

图 4.8.6 二衬混凝土浇筑后

2. 质量问题分析

（1）混凝土表面被污染；

（2）混凝土拌制不均匀，混凝土振捣时过振；

（3）同一结构使用了不同品牌的水泥。

3. 防治措施

（1）同一个结构宜使用同品牌水泥，通过工艺实验选择最佳配合比；

（2）振捣时把握好振捣工艺，避免早振和过振；

（3）防止混凝土养护过程中带来的人为污染。

4.9 暗挖成型隧道常见问题

4.9.1 初支侵限

1. 图片展示

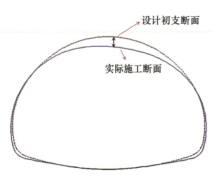

图 4.9.1 初支侵限示意图

图 4.9.2 初支侵限

2. 质量问题分析

（1）测量放线错误，欠挖未处理；

（2）锁脚锚管施作不到位；

（3）开挖后由于围岩自稳能力较差导致围岩急剧变形或因隧道掌子面开挖加剧围岩变形所致；

（4）超挖处理不到位、格栅定位不准确、喷射混凝土过厚。

3. 防治措施

（1）加强锁脚锚管施工；

（2）做好围岩量测，及时了解围岩变形动态；

（3）隧道掘进施工时保证循环施工间距，控制上、下台阶进尺量；

（4）喷混凝土前对开挖断面进行检查，有欠挖及时处理到位；

（5）定期对开挖净空尺寸和开挖中线进行复测；

（6）结合监测情况，合理调整预留沉落量；

（7）二衬前将侵限部分初支进行处理，保证二衬厚度。

4.9.2 初支变形、开裂

1. 图片展示

图 4.9.3　初支开裂

图 4.9.4　初支施工

2. 质量问题分析

（1）格栅强度不够或格栅间距过大造成的初支变形或开裂；
（2）初支背后回填注浆压力过大；
（3）仰拱封闭不及时；
（4）监控量测资料分析不及时；
（5）地下水位过高。

3. 防治措施

（1）加强施工监测，及时反馈监测信息，发现异常，及时分析原因，采取补强措施；
（2）严格按照设计和注浆方案进行注浆，严格控制注浆压力和终压条件；
（3）加强巡视，发现开裂及时反映，分析原因，采取有效的补强措施，防止更大的变形；
（4）间隔一定的距离预埋泄压管。

4.9.3 隧道二衬上浮

1. 图片展示

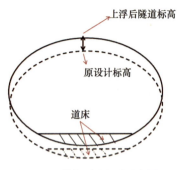

图 4.9.5　隧道二衬上浮示意图　　图 4.9.6　隧道二衬施工后

2. 质量问题分析

（1）衬砌背后空洞；

（2）地下水水系发达，隧道纵横断面软硬不均，基岩裂隙发育，二次衬砌壁后水压较大；

（3）仰拱施工质量较差；

（4）初支后基面的渗漏水未引排处理就进行结构施工。

3. 防治措施

（1）二衬施工完成后及时进行衬砌背后回填注浆，确保衬砌背后填充密实；

（2）发现隧道初支、二衬或道床上浮时首先分析原因，如是因水压较大引起上浮，应及时打设泄水孔泄压；

（3）仰拱施工时严格按照设计要求对施工人员进行技术交底，保证仰拱施工质量；

（4）初支表面的渗漏水应引排结合处理，在基面干燥后进行防水与结构施工；

（5）按要求完成隧道的控制测量工作，确保隧道内测量控制点正确有效。

4.9.4 混凝土接缝错台

1. 图片展示

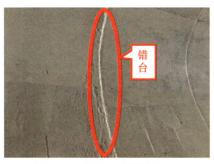

图 4.9.7　混凝土接缝错台　　　　　图 4.9.8　混凝土浇筑后

2. 质量问题分析

（1）中线测设不准确，台车中线与隧道中线未保持一致；

（2）模板台车刚度、稳定性差，导致台车位移；

（3）模板台车与混凝土表面搭接不紧密，或存在杂物。

3. 防治措施

（1）模板台车就位时复核中线位置，保证台车中线与隧道中线保持一致；

（2）根据台车所处位置、受力情况及支撑体系进行仔细计算，确保模板有足够的强度、刚度及稳定性；

（3）混凝土与模板台车搭接部位表面应彻底清理干净，使台车与混凝土表面尽量紧贴，控制好模板和上板混凝土搭接长度，避免过长或过短。

4.9.5 混凝土结构产生不规则裂缝

1. 图片展示

图 4.9.9　混凝土结构产生不规则裂缝　　图 4.9.10　混凝土浇筑后墙面

2. 质量问题分析

（1）混凝土坍落度不当，浇筑后骨料下沉，上下收缩不一致；

（2）混凝土养护不及时或养护措施不当，表面游离水蒸发过快；

（3）拆模或拆除覆盖物时混凝土与外界温差过大等；

（4）混凝土水化热大，入模温差大。

3. 防治措施

（1）混凝土坍落度要满足设计要求，水泥用量按规范标准，严格按照配合比施工，振捣均匀，降低水化热；

（2）加强养护，在混凝土初凝后至终凝前，应及时用混凝土打磨机打磨消除表面裂纹，提高混凝土表面的平整度；

（3）终凝后采用洒水养护或涂抹养护剂，防止表面游离水蒸发过快产生收缩；

（4）控制混凝土配合比，控制入模温度。

4.9.6 二衬混凝土厚度不满足设计要求

1. 图片展示

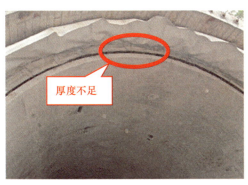

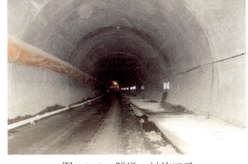

图 4.9.11　二衬混凝土厚度不满足设计要求　　　图 4.9.12　隧道二衬施工后

2. 质量问题分析

（1）施工时初支断面局部欠挖或拱顶下沉；

（2）测量时放线不准确；

（3）台车定位不准确。

3. 防治措施

（1）严格按照施工方案对欠挖部分进行处理；

（2）防水板铺设前对初支隧道进行断面测量，确保隧道二衬厚度满足设计要求；

（3）做好台车精确定位。

4.9.7 混凝土强度不符合设计要求

1. 图片展示

图 4.9.13　混凝土强度与设计不符　　　　图 4.9.14　混凝土浇筑后

2. 质量问题分析

（1）配制混凝土所使用的原材料不符合国家技术标准的规定；

（2）混凝土设计配合比未经第三方检测单位验证；

（3）混凝土的运输时间过长，浇筑不符合规范要求等。

3. 防治措施

（1）拌制混凝土所使用的粗骨料、细骨料、外加剂和胶凝材料等必须符合国家现行有关标准，使用前必须查验原材料的出厂合格证和试验报告；

（2）混凝土的配合比必须经第三方检测单位验证，保证混凝土的和易性和耐久性；

（3）控制好混凝土坍落度、入模温度及入模时间。

4.9.8 二衬渗漏水

1. 图片展示

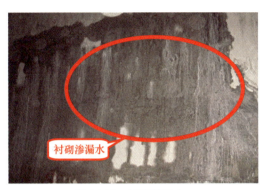 

图 4.9.15　衬砌渗漏水　　　　　　图 4.9.16　混凝土浇筑后

2. 质量问题分析

（1）衬砌开裂；

（2）环向施工缝、变形缝处理存在质量缺陷，止水条、止水带安设不规范；

（3）防水板破损、穿孔，焊缝不严密；

（4）衬砌捣固不密实，存在孔洞或蜂窝；

（5）防水材料不合格；

（6）结构基面渗漏水未处理，潜压水击穿未达到强度的混凝土。

3. 防治措施

（1）防水卷材进场时及时组织验收；

（2）严格按照防水施工技术交底进行施工；

（3）混凝土浇筑过程中不能出现长时间停顿；

（4）进场时及时检查混凝土配合比、和易性及坍落度；

（5）混凝土浇筑时保证对称分层浇筑，分层振捣到位，模板台车窗口模板关闭严实防止漏浆等；

（6）基面要引排结合，保证基面干燥，结构达28天后再处理引排水。

4.9.9 隧道结构净空侵限

1. 图片展示

图 4.9.17　净空不足　　　　　　　　图 4.9.18　标准隧道

2. 质量问题分析

（1）测量放线错误；

（2）衬砌台车刚度不满足要求，施工时发生严重变形；

（3）台车定位不准确。

3. 防治措施

（1）开挖断面放样、衬砌立模准确，尤其是中线、标高要反复校核，避免产生错误；

（2）初支超、欠挖要求用激光断面仪进行检查，对欠挖的围岩进行处理；

（3）衬砌台车有足够的刚度并支撑牢固，灌注混凝土时不跑模，钢板要求整体式大型钢板；

（4）二衬混凝土浇筑前检测洞身断面尺寸，并在工作台车前方拱圈部位安装检查衬砌厚度的环状钢筋。

4.9.10 二衬混凝土与初支间存在空洞

1. 图片展示

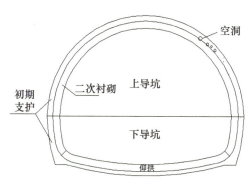

图 4.9.19 二衬混凝土与初支间存在空洞示意图　　图 4.9.20 标准隧道

2. 质量问题分析

防水板铺挂不符合规范要求，混凝土浇筑施工不到位，混凝土自重及收缩。

3. 防治措施

严格按照规范要求的松弛度铺设防水板，并加密固定，在模板台车端部预留排气孔，加强拱顶混凝土施工监督，保证顶部混凝土饱满密实，预埋压浆管，待混凝土达到设计要求后，进行拱部压浆处理。

4.9.11 预留预埋件遗漏或预埋位置不满足要求

1. 图片展示

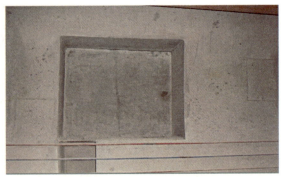

图 4.9.21 预留预埋件遗漏或预埋位置不满足要求　　图 4.9.22 预留预埋件位置

2. 质量问题分析

（1）未按设计图纸要求进行预埋、预留；

（2）施工放样不精确，随意改动预留预埋洞室位置及大小。

3. 防治措施

（1）严格按照设计图纸要求进行预埋、预留；

（2）对预留预埋位置进行精确测量放样；

（3）不允许随意改动预埋预留洞室位置及大小，采用刚性定型模板，避免模板变形，造成洞室尺寸偏小；

（4）执行预留预埋施工先行的原则，进行自检、互检和专项检查，确保预埋预留件位置正确。

第 5 章　高架施工质量通病

5.1 高架柱孔桩桩基础

5.1.1 孔桩施工过程中不符合要求

1. 图片展示

图 5.1.1 孔桩施工

图 5.1.2 孔桩桩基检测

2. 质量问题分析

（1）桩孔不圆，冲击时候钻头未转动，泥浆黏度过高，冲击转动阻力太大，钻头转动困难；

（2）钻孔偏斜，冲击过程中遇探石、漂石大小不均，钻头受力不均，或钻机底座未安置水平；

（3）钻头被卡，在黏土层中冲程太高，泥浆黏度过高；未及时焊补钻头，钻孔直径逐渐变小，钻头入孔冲击被卡，护筒底部出现卷口变形，钻头卡在护筒底；

（4）孔壁扩孔，缩孔，冲击钻头或掏渣筒倾倒，撞击孔壁；泥浆相对密度偏低或偏高，起不了护壁作用；遇到流沙、软淤泥、破碎地层或松砂层钻进时进尺太快；成孔后未及时灌注混凝土或下钢筋笼时撞击孔壁造成塌孔。

3. 防治措施

（1）经常检查转向装置的灵活性，调整泥浆的黏度和相对密度。

（2）若发现孔斜，应回填重钻，经常检查及时调整。

（3）利用泥浆泵向孔内运送性能优良的泥浆，清除塌落物，替换孔内黏度过高的泥浆；若孔径已变小，应严格控制钻头直径，并在孔径变小处反复冲刮孔壁，以增大孔径。

（4）按不同地层土质采用不同的泥浆相对密度，提高泥浆面；地层变化时要随时调整泥浆相对密度；成孔后应及时灌注混凝土；下钢筋笼应保持竖直，不撞击孔壁。

5.1.2 钢筋笼制作及吊装不符合要求

1. 图片展示

图 5.1.3 钢筋笼吊装

图 5.1.4 钢筋笼制作

2. 质量问题分析

（1）钢筋下料切断尺寸不准，钢筋成型尺寸不准确，箍筋歪斜；

（2）钢筋搭接焊搭接长度不够，点焊咬肉，焊接后焊药皮清理不彻底；

（3）钢筋保护层高低控制不到位；

（4）钢筋间距不均匀；

（5）吊装过程损坏钢筋笼。

3. 防治措施

（1）从钢筋加工开始，根据结构钢筋的所在部位和钢筋切断后的误差情况，确定调整或返工；对于Ⅰ级钢筋只能进行一次重新调直或弯曲，其他级别钢筋不宜重新调直和反复弯曲；

（2）搭接长度单面焊为10d，在钢筋笼加工现场设置专用模具，所有下料尺寸均以模具为准；

（3）所有钢筋焊接完成后，要把焊药皮全部敲掉，如有漏敲现象，下笼时发现后及时补敲；

（4）钢筋笼吊运过程中严禁出现滚动、拖拽、吊点距离过大等违规操作，以确保钢筋笼完好率。

5.1.3 水下混凝土灌注不符合要求

1. 图片展示

图 5.1.5 水下混凝土灌注（一）

图 5.1.6 水下混凝土灌注（二）

2. 质量问题分析

（1）选择下料斗太小，首灌方量不足，未能及时将泥浆全部冲出，导管端部未全部被混凝土有效包裹，泥浆反灌；

（2）导管接头密封性差，导致泥浆渗入管内；

（3）成孔底部沉渣过厚；

（4）护壁泥浆性能差，导致护壁稳定性差，在浇筑的过程中孔壁塌陷，与混凝土混在一起形成夹泥；

（5）在浇筑的过程中有可能出现导管拔空，泥浆从导管底部进入混凝土内；

（6）混凝土未能连续浇筑，造成间断或浇灌时间过长，后浇筑的混凝土顶升时，与泥渣混合。

3. 防治措施

（1）在浇筑的过程中严格控制泥浆比重；

（2）下完钢筋笼以及导管后及时进行二次清孔，保证灌注前沉渣满足要求；

（3）采用导管浇筑时，导管连接口应设置橡胶密封，在首次使用前应进行气密性试验，保证密封性能；

（4）开始浇筑混凝土时，导管应距槽底 0.3～0.5m，首批灌入混凝土量要足够，使其具有一定的冲击力量，能把泥浆从导管端挤散；

（5）导管插入混凝土深度保持在 2～6m，混凝土应连续浇筑，经常检测混凝土液面高度；

（6）浇灌中注意控制浇灌速度，经常用测锤（钟）测定混凝土上升面，根据测定高度，确定拔导管的速度和高度。

5.1.4 水下混凝土灌注夹渣及断桩

1. 图片展示

图 5.1.7 断桩

图 5.1.8 水下混凝土灌注桩取芯

2. 质量问题分析

（1）孔桩水下灌注成桩后，局部位置夹有泥土，严重的甚至导致断桩；

（2）浇筑混凝土未连续进行浇筑，滞留时间过长；

（3）孔底底部沉渣过厚；

（4）导管埋深太浅，在拔出导管的过程中脱离混凝土面；

（5）浇混凝土过程中塌孔。

3. 防治措施

（1）施工期间（护筒内）的泥浆面应高出地下水位 1.0m 以上，在受水位涨落影响时，泥浆面应高出最高水位 1.5m 以上，且在容易产生泥浆渗漏的土层中应采取围护孔壁稳定的措施；

（2）混凝土灌注过程中，导管埋入混凝土深度宜为 2～6m，严禁将导管提出混凝土灌注面，并应控制提拔导管速度；

（3）导管安放在桩孔时要上下抽动，检查是否有卡管现象，没有卡管现象才浇筑混凝土；

（4）灌注水下混凝土必须连续施工，并严格控制每车混凝土的坍落度，每条桩的灌注时间应按初盘混凝土的初凝时间控制，对灌注过程中的故障应及时采取处理措施；

（5）导管使用前应试拼装、试压，试水压力可取为 0.6～1.0MPa，确保灌注水下混凝土时导管不渗漏；

（6）控制泥浆比重，减少动载、预防塌孔。

5.1.5 旋挖桩成孔偏斜、孔壁坍塌

1. 图片展示

图 5.1.9　高架柱孔桩桩基础施工（一）　　图 5.1.10　高架柱孔桩桩基础施工（二）

2. 质量问题分析

（1）成孔过程中遇探头石、漂石、大小不均，钻头受力不均；
（2）基岩面产状陡；
（3）旋挖机未水平放置或成孔过程中发生倾斜；
（4）旋挖过程中钻进速度太快，泥浆未形成有效的护壁；
（5）泥浆相对密度偏低，起不到护壁作用；孔内泥浆面低于孔外水位；
（6）遇流砂、软淤泥、破碎地层或松砂层钻进时进尺太快；
（7）地层变化时未及时调整泥浆相对密度；
（8）清孔或漏浆时补浆不及时，造成泥浆面过低，孔压不够而塌孔；
（9）成孔后未及时灌筑混凝土或下钢筋笼时撞击孔壁造成塌孔。

3. 防治措施

（1）旋挖施工过程中，注意钻杆的垂直度；
（2）遇基岩时操作过程需放缓，时刻留意旋挖机的实时动态；
（3）若发现孔斜，应回填重钻；经常检查旋挖机钻杆垂直度，钻进速度不宜太快；
（4）探明坍塌位置，将砂和黏土（或砂砾和黄土）混合物回填到塌孔位置以上 1～2m，等回填物沉积密实后再重新钻进，注意把控钻进速度；
（5）按不同地层土质采用不同的泥浆相对密度，提高泥浆面；
（6）严重塌孔，用黏土泥膏投入，待孔壁稳定后，采用低速重新钻进；
（7）地层变化时要随时调整泥浆相对密度；
（8）清孔或漏浆时应及时补充泥浆，保持浆面在护筒范围以内；
（9）成孔后应及时灌注混凝土；下钢筋笼应保持竖直，不撞击孔壁。

5.2 承台施工

5.2.1 承台开挖不符合要求

1. 图片展示

图 5.2.1　承台开挖（一）

图 5.2.2　承台开挖（二）

2. 质量问题分析

（1）放坡或边坡加固不符合要求；
（2）排水设施不符合要求；
（3）桩头破除不符合要求；
（4）弃土处理不符合要求；
（5）承台周边排水不符合要求。

3. 防治措施

（1）对于一般型承台，可采取放坡或钢板桩围护的方式进行开挖；
（2）基坑开挖前应清除场地上的障碍物，做好场地的平整工作，对有泥浆池的地方，要进行泥浆清除的工作，防止基坑开挖时出现塌方；
（3）基坑开挖至距设计承台底标高20cm时，即采用人工清除剩余土方至设计承台底标高以下10cm，基坑内设截水沟汇水井抽水法排水。基底先铺设5cm碎石加5cm厚砂浆作为承台垫层；
（4）基坑四周设置排水沟，用抽水机及时将坑内积水排除。当施工便道距基坑较近时，便道与基坑之间设置1m宽的护道，并在基坑周围设置截水沟防止水流入基坑；
（5）桩头凿除采用手操式风镐。凿除前，测量每一根桩的桩顶高程，并用红油漆进行标记，在设计桩顶标高20cm以上桩头，采用手工凿除；先凿除面层混凝土露出20根主筋和3根声测管，其余桩头部分采用风镐破除。桩头凿除后确保伸入承台的长度满足设计15cm要求，混凝土浇筑前，用水或高压空气泵清除桩顶的浮渣，确保桩顶面和侧面清洁；

（6）桩基钢筋伸入承台的长度、形状及箍筋数量要符合设计要求；

（7）基坑开挖造成的弃土除留出一部分回填量外；其余部分安排车辆外运至指定的弃土场，禁止乱丢、乱卸，余土应堆载在距离基坑 5m 范围之外，同时保护施工现场周围的环境卫生。

5.2.2 承台钢筋绑扎及安装不符合要求

1. 图片展示

图 5.2.3　承台钢筋绑扎（一）　　　　图 5.2.4　承台钢筋绑扎（二）

2. 质量问题分析

（1）未按设计要求加工钢筋构件；
（2）钢筋焊接不符合要求；
（3）预埋件的预埋不符合要求；
（4）绑扎的过程中钢筋间距不均匀；
（5）钢筋绑扎的扎点不够；
（6）加密区钢筋加密不符合要求。

3. 防治措施

（1）在钢筋加工前对施工人员进行图纸交底，严格按照设计要求进行下料，按照要求加工钢筋配件；

（2）对焊工进行技术培训考核，严禁无证上岗；焊接前应进行工艺试验，合格后方可进行实体焊接。对焊好后的成口进行检查，有烧筋、焊缝不饱满、搭接长度不够、焊渣未清理等均应返工处理；

（3）对预埋件应进行重点检查，严格按照图纸要求的数量、预埋长度、间距及位置进行复核；

（4）绑扎过程中，应进行打点、拉线定位，以防止钢筋安装时的间距不均匀及主筋偏位；上筋弯钩应向下，底筋弯钩朝上，角筋弯钩与构件侧面夹角以30°左右为宜；

（5）绑扎点要牢或增加绑扎点，扎丝绑扎时采用"八"字型花扣，运输方法要正确，施工操作人员不要在骨架上行走、踩踏等；

（6）加密区要按图纸要求认真复核加密区长度及间距，加密筋要绑扎牢固，并加强成品保护；

（7）宜优先采用放大样的方法施工，构件绑扎后，应采取可靠的限位装置，防止搬运过程中变形，做好相应的成品保护工作。

5.2.3 承台模板安装不符合要求

1. 图片展示

图 5.2.5 承台模板安装（一）

图 5.2.6 承台模板安装（二）

2. 质量问题分析

（1）模板安装不牢固，模板接头缝隙大；
（2）表面不平整，不垂直；
（3）底部固定不牢固；
（4）模板支撑固定不牢；
（5）钢筋保护层不符合要求。

3. 防治措施

（1）采用有足够的强度，且符合设计要求不易变形及破损的模板与支撑，根据实际情况合理确定模板的周转次数，以减少混凝土工程质量缺陷；

（2）采用有刚度，符合设计要求的模板，确保模板不产生挠曲变形，且模板支撑后应具有足够的稳定性，对稳定性不足的部位在浇混凝土前先行加固，以防因模板支撑稳定性不足在浇筑混凝土时导致混凝土质量事故，甚至安全事故；

（3）严格按规范要求进行模板工程验收，严格控制模板的接缝宽度和平整度；

（4）拆模时混凝土强度：整体式结构承重模板，应在与结构同条件养护试块达到规定强度时方可拆除；拆除侧模应待结构混凝土达到相应强度，保证混凝土表面光洁，棱角完整；

（5）隔离剂材料先用及控制：应根据各种模板的特点，选用合适的隔离剂，隔离剂材料的选用应考虑脱模容易，不污染构件表面，对混凝土与钢筋无损害，以保证脱模顺利、混凝土棱角与表面，在拆模时不受破坏，严禁使用废机油作脱模剂；

（6）模板安装时，钢筋保护层往往会被忽视，应采用垫块和内衬的方法控制钢筋保护层。

5.2.4 承台混凝土实体及表面缺陷

1. 图片展示

图 5.2.7　承台钢筋绑扎

图 5.2.8　承台混凝土浇筑

2. 质量问题分析

（1）配合比不当，导致混凝土离析，使得实体不密实，且表面产生蜂窝、麻面等；
（2）无混凝土内部冷却降温措施；
（3）振捣不密实；
（4）混凝土养护不到位；
（5）模板拆除时间不恰当。

3. 防治措施

（1）对配合比进行验证试验，合格后方可投入生产。生产过程中严控各材料的数量指标。对不同的浇筑方式控制不同的坍落度，采用泵送的，应控制在 160～200mm；

（2）对体积较大的承台，应采取铺设冷却管循环流水带走水泥的水化热，从而降低混凝土内部的温度，减少混凝土内外部的温差；

（3）混凝土振捣应由专职操作工进行，操作工应经过培训。振捣时宜采用 50 型振捣棒，振捣应达到密实、均匀并排除气体。一般采用快插慢拔，应插入下层混凝土中 50mm 左右，插点振捣时间宜为 20～30s，振捣棒与模板的距离不应大于其作用半径的 0.5 倍，且应避免碰撞钢筋、模板、预埋管件；

（4）应在初凝以后开始覆盖养护，在终凝后开始浇水（12h 后），覆盖物：麦秆、烂草席、竹帘、麻袋片、编织布等片状物。浇水工具可以采用水管、水桶等工具保证混凝土的湿润度。常用的 5 种水泥常温条件下养护应不少于 7 天；

（5）混凝土模板的拆除时间应根据其强度决定，一般应制定相应的拆模时间，当试件强度达到设计强度的 75% 时，进行模板拆除，并应避免出现缺棱掉角的情况。

5.3 地梁施工

5.3.1 模板安装不符合要求

1. 图片展示

图 5.3.1 模板安装（一）

图 5.3.2 模板安装（二）

2. 质量问题分析

（1）模板安装轴线位移；
（2）预埋件及预留孔洞位置偏差；
（3）模板接缝不严；
（4）模板拆除过早；
（5）隔离剂材料选用不当；
（6）钢筋保护层不符合要求。

3. 防治措施

（1）模板轴线测放后，组织专人进行技术复核验收，确认无误后才能支模；支模时要拉水平、坚向通线，并设坚向垂直度控制线，以保证模板水平、坚向位置准确；

（2）预埋件及预留孔洞，在安装前就与图纸对照，确认无误后准确固定在设计位置上，必要时用电焊或套框等方法将其固定，在浇筑混凝土时，应沿其周围分层均匀浇筑，严禁碰击和振动预埋件模板；

（3）严格按规范要求进行模板工程验收，严格控制模板的接缝宽度和平整度；交接部位支撑要牢靠，拼缝要严密（必要时缝间可采用双面胶纸），发生错位要及时纠正；

（4）拆模时混凝土强度：整体式结构承重模板，应在与结构同条件养护试块达到规定强度时方可拆除；拆除侧模应待结构混凝土达到相应强度，保证混凝土表面光洁，棱角完整；

（5）隔离剂材料先用及控制：应根据各种模板的特点，选用合适的隔离剂，隔离剂材料的选用应考虑脱模容易，不污染构件表面，对混凝土与钢筋无损害以保证脱模顺利，混凝土棱角与表面在拆模时不受破坏，严禁使用废机油作脱模剂；

（6）模板安装时，钢筋保护层往往会被忽视，应采用垫块和内衬的方法控制钢筋保护层。

5.3.2 地梁钢筋绑扎不符合要求

1. 图片展示

图 5.3.3　地梁钢筋绑扎（一）

图 5.3.4　地梁钢筋绑扎（二）

2. 质量问题分析

（1）未按设计要求加工钢筋构件；
（2）钢筋严重锈蚀或污染；
（3）钢筋加工不符合要求；
（4）钢筋绑扎不符合要求；
（5）钢筋绑扎的扎点不够；
（6）加密区钢筋加密不符合要求。

3. 防治措施

（1）在钢筋加工前对施工人员进行图纸交底，严格按照设计要求进行下料，按照要求加工钢筋配件；

（2）钢筋堆放应在仓库或料棚内，保持地面干燥，钢筋不得直接堆置在地面上，必须用混凝土墩、垫木等垫起，离地 200mm 以上，应尽量避免脱模剂和各种油料污染钢筋；

（3）加强钢筋配料管理工作，首先要熟悉设计图纸和规范要求，按搭接锚固和钢筋的形状计算出钢筋的尺寸，根据单位设备情况和传统操作经验，预先确定各种形状钢筋下料长度的调整值（弯曲类型、弯曲处曲率半径、板距、钢筋直径等）；配料时考虑周到，确定钢筋的实际下料长度。在大批成型弯曲前先行试成型，做出样板，再调整好下料长度，正式加工；

（4）钢筋配料时，认真熟悉设计图纸要求和规范规定，掌握钢筋原材料的长度，按钢筋的锚固和搭接长度要求，明确绑扎接头、焊接接头的位置和错开的数量，认真配料，下料单中的钢筋编号要标注清楚，特别对同一组搭配而安装方法不同时要加文字说明；

（5）绑扎点要牢或增加绑扎点，扎丝绑扎时采用"八"字型花扣，运输方法要正确，施工操作人员不要在骨架上行走、踩踏等；

（6）加密区要按图纸要求认真复核加密区长度及间距，加密筋要绑扎牢固，并加强成品保护。

5.3.3 地梁混凝土实体及外观质量差

1. 图片展示

图 5.3.5 混凝土离析

图 5.3.6 地梁混凝土实体检测

2. 质量问题分析

（1）配合比不当，导致混凝土离析，使得实体不密实，且表面产生蜂窝、麻面等；
（2）麻面；
（3）振捣不密实；
（4）露筋；
（5）模板拆除时间不恰当出现的缺棱掉角。

3. 防治措施

（1）对配合比进行验证试验，合格后方可投入生产。生产过程中严控各材料的数量指标。对不同的浇筑方式控制不同的坍落度，采用泵送的，应控制在 160～200mm；

（2）模板面清理干净，不得粘有干硬水泥砂浆等杂物；麻面主要影响混凝土外观，对于表面不再装饰的部位应加以修补，即将麻面部位用锚水刷洗，充分润湿后用水泥亙浆或 1∶2 水泥砂浆找平；

（3）混凝土振捣应由专职操作工进行，操作工应经过培训。振捣时宜采用 50 型振捣棒，振捣应达到密实、均匀并排除气体。一般采用快插慢拔，应插入下层混凝土中 50mm 左右，插点振捣时间宜为 20～30s，振捣棒与模板的距离不应大于其作用半径的 0.5 倍，且应避免碰撞钢筋、模板、预埋管件；

（4）浇筑混凝土前，应检查钢筋位置和保护层厚度是否准确，发现问题及时修整；要注意固定好垫块，一般每隔 1m 左右在钢筋上绑上一个水泥砂浆垫块，主筋保护层厚度偏差应符合设计要求；

（5）混凝土模板的拆除时间应根据其强度决定，一般应制相应的拆模试件，当试件强度达到设计强度的 75% 时，进行模板拆除，并应避免出现缺棱掉角的情况。

5.4 现浇箱梁施工

5.4.1 支架现浇箱梁模板缺陷

1. 图片展示

图 5.4.1　支架现浇箱梁模板（一）　　图 5.4.2　支架现浇箱梁模板（二）

2. 质量问题分析

（1）支架设在不稳定的地基上，造成梁底不平，梁底下挠；

（2）梁底模板铺设不平整、不密实，底模与搁栅铺设不密贴，梁底模板抛高值控制不当；

（3）梁侧模的纵、横围檩刚度不够，未按侧模的受力状况布置合理的受力体系；

（4）制模配制不当，模板拼缝不严密，缝隙处理不当。

3. 防治措施

（1）支架应设置在经过加固处理的具有足够强度的地基上，地基表面应平整，支架材料应有足够的刚度和强度，支架立杆下宜加垫钢垫板，以增加立柱与地基的接触面。支架的布置应根据荷载状况进行设计，以保证混凝土浇筑后支架不下沉；

（2）支架搭设应按荷载情况，根据支架搭设的技术规程进行合理的布置；

（3）在支架上铺设梁底模搁栅要与支架梁密贴，底模要与搁栅垫实，在底模铺设时要考虑抛高值；

（4）梁侧模的纵、横围檩要根据混凝土的侧压力进行合理的布置，并根据结构状况布置合理的受力体系；

（5）模板配制要严格按模板质量要求进行，做到严丝合缝，避免错台、错缝等现象。

5.4.2 箱梁钢筋绑扎不符合要求

1. 图片展示

图 5.4.3　箱梁钢筋绑扎（一）

图 5.4.4　箱梁钢筋绑扎（二）

2. 质量问题分析

（1）未按设计要求加工钢筋构件；

（2）绑扎的过程中钢筋间距不均匀；

（3）钢筋严重锈蚀或污染；

（4）钢筋加工不符合要求；

（5）钢筋绑扎不符合要求；

（6）预埋张拉管道位置不准确或固定不牢固；

（7）波纹管位置未固定，左右位移偏差较大，无法穿钢绞线。

3. 防治措施

（1）在钢筋加工前对施工人员进行图纸交底，严格按照设计要求进行下料，按照要求加工钢筋配件；

（2）绑扎过程中，应进行打点、拉线定位，以防止钢筋安装时的间距不均匀及主筋偏位；上筋弯钩应向下，底筋弯钩朝上，角筋弯钩与构件侧面夹角以30°左右为宜；

（3）钢筋堆放应在仓库或料棚内，保持地面干燥，钢筋不得直接堆置在地面上，必须用混凝土墩、垫木等垫起，离地200mm以上，应尽量避免脱模剂和各种油料污染钢筋；

（4）加强钢筋配料管理工作，首先要熟悉设计图纸和规范要求，按搭接锚固和钢筋的形状计算出钢筋的尺寸，根据本单位设备情况和传统操作经验，预先确定各种形状钢筋下料长度的调整值（弯曲类型、弯曲处曲率半径、板距、钢筋直径等）；配料时考虑周到，确定钢筋的实际下料长度。在大批成型弯曲前先行试成型，做出样板，再调整好下料长度，正式加工；

（5）钢筋配料时，认真熟悉设计图纸要求和规范规定，掌握钢筋原材料的长度，按钢筋的锚固和搭接长度要求，明确绑扎接头、焊接接头的位置和错开的数量，认真配料，下料单中的钢筋编号要标注清楚，特别对同一组搭配而安装方法不同时要加文字说明；

（6）绑扎点要牢或增加绑扎点，扎丝绑扎时采用"八"字型花扣，运输方法要正确，施工操作人员不要在骨架上行走、踩踏等；

（7）钢筋绑扎时，应及时检查张拉管道的预埋位置，按图纸要求进行复核，管道通长每 50cm 设置 U 型或井型定位筋，两端头 2m 处均应每 10cm 设置一道加强。

5.4.3 箱梁混凝土实体及外观质量差

1. 图片展示

图 5.4.5　箱梁混凝土浇筑

图 5.4.6　箱梁混凝土实体

2. 质量问题分析

（1）配合比不当，导致混凝土离析，使得实体不密实，且表面产生蜂窝、麻面等；

（2）麻面；

（3）振捣不密实；

（4）分层浇筑间隔时间过久，产生的施工冷缝；

（5）模板拆除时间不恰当出现的缺棱掉角；

（6）保护层不够，出现露筋。

3. 防治措施

（1）对配合比进行验证试验，合格后方可投入生产。生产过程中严控各材料的数量指标。对不同的浇筑方式控制不同的坍落度，采用泵送的，应控制在 160～200mm；

（2）模板面清理干净，不得粘有干硬水泥砂浆等杂物；麻面主要影响混凝土外观，对于表面不再装饰的部位应加以修补，即将麻面部位用锚水刷洗，充分润湿后用水泥互浆或 1：2 水泥砂浆找平；

（3）混凝土振捣应由专职操作工进行，操作工应经过培训。振捣时宜采用 50 型振捣棒，振捣应达到密实、均匀并排除气体。一般采用快插慢拔，应插入下层混凝土中 50mm 左右，插点振捣时间宜为 20～30s，振捣棒与模板的距离不应大于其作用半径的 0.5 倍，且应避免碰撞钢筋、模板、预埋管件；

（4）箱梁混凝土的浇筑应连续进行，腹板位置的分层不宜超过 60cm 每层，因浇筑时对振捣的要求较高，应配置合理的作业人员施工，以保障两层间的浇筑时间不至于过久，一般不宜超过混凝土的初疑时间；

（5）混凝土模板的拆除时间应根据其强度决定，一般应制定相应的拆模时间，当试件强度达到设计强度的 75% 时，进行模板拆除，并应避免出现缺棱掉角的情况；

（6）严格控制保护层厚度。

5.4.4 箱梁后张及压浆施工不符合要求

1. 图片展示

图 5.4.7　箱梁后张及压浆施工（一）

图 5.4.8　箱梁后张及压浆施工（二）

2. 质量问题分析

（1）张拉孔道堵塞；

（2）预应力锚具锚固区缺陷；

（3）张拉中断丝；

（4）预留孔道摩阻值过大；

（5）张拉应力超标及伸长量不达标；

（6）孔道灌浆不实。

3. 防治措施

（1）管道安装前要进行逐根检查，并做 U 型满水试验，安装时所有管口处用橡皮套箍严；套管内预穿衬管，混凝土凝固前反复抽拉衬管；穿束前要试拉、通孔或充水检查，查看管道是否有不严和堵塞处；

（2）封锚区采用粒径小的石子配制混凝土，如不能充分振捣，应重新布置钢束套管及钢筋，并加强振捣，确保该区域混凝土密实；

（3）严格检验钢绞线与锚具的材料性能，对不合格品及导角不圆顺、锚具热处理太硬的都不使用；检验张拉槽与锚垫板垂直面的平整度，保证锚垫板与千斤顶的顶面在张拉过程中始终保持平行；张拉时适当减慢加载速度，避免钢丝内应力过快增长；

（4）管道使用前，要进行严格的质量检测，要检查有无开裂、缝隙；管道铺设中要确保管道内无杂物，严防管道碰撞变形；管道就位后，要注意保护，以保持管道的直顺度；

（5）张拉前应对使用的千斤顶进行校核，做好各束预应力钢材的理论伸长值计算，坚持张拉应力及张拉条件按图纸要求进行，并做到持荷 5min 的要求；张拉时，应设专人量测伸长值，一旦超标，应马上停止张拉；

（6）选用经检测合格的压浆料，严格按制水灰比，宜控制在 0.4～0.45 之间；张拉后应尽早进行孔道压浆，压浆应缓慢、均匀、连续进行，压力控制在 0.6MPa 左右；孔道末端应设排气孔，灌浆到排气孔溢出浓浆后，才能堵住排气孔，持续加压，稳压 2min 后停止。

5.4.5 模板支架施工过程中变形过大

1. 图片展示

图 5.4.9　模板支架施工（一）　　　图 5.4.10　模板支架施工（二）

2. 质量问题分析

（1）支架基础承载力不足；

（2）支架设计不合理；

（3）支架搭设过程中未严格按照设计进行搭设；

（4）支架未经预压试验检验或预压试验不合格。

3. 防治措施

（1）支架搭设前应对支架基础进行地基承载力检验，对承载力达不到要求的基础，可进行换填、加设混凝土梁等方式进行处理。地基承载力满足设计要求后方可开始进行支架搭设；

（2）对于柔性支架基础，支架搭设前应在支架底部加设方木、工字钢等能有效分散荷载的措施，确保支架的整体稳定性；

（3）支架搭设范围内的场地应排水顺畅，确保支架施工过程中不会因基础浸泡而降低基础的承载力；

（4）支架设计时应考虑施工过程中所承受的全部荷载，并对各类荷载选取合理的安全系数。对于搭设高度较大满堂支架，应设置足够的斜撑及剪刀撑，对于承受荷载较大的部位，可通过加密局部立杆间距以满足施工需要；

（5）建立完善的"三检"制度，支架搭设时应严格按照设计要求进行搭设，满堂支架杆件的间距及步距不得大于设计距离，立杆的垂直度应满足规范要求，各类剪刀撑间距不得大于设计要求，局部加密立杆的平面位置应与设计相一致。所有模板支架应验收合格后方可进行下一步施工；

（6）同类型的模板支架首次使用前应进行支架预压试压，预压荷载应不小于所承受的设计荷载。对于非均布荷载，预压荷载应与施工时的荷载分布相一致。支架预压检验合格后方可进行下一步施工。

5.4.6 模板拼接处混凝土外观质量较差

1. 图片展示

图 5.4.11 模板拼接处混凝土外观质量较差

图 5.4.12 现浇箱梁施工

2. 质量问题分析

（1）支架或模板的整体刚性不足；
（2）支架设计或预压时未严格按照实际荷载分布情况进行；
（3）模板拼接时未控制好模板拼接质量；
（4）模板拼缝处未采取适当的处理措施；
（5）混凝土浇筑控制不合理。

3. 防治措施

（1）增加支架整体性。对于柔性支架基础，支架搭设前应在支架底部加设方木、工字钢等能有效分散荷载的措施，确保支架的变形均匀；

（2）增加支架及模板的刚度。支架及模板设计时，严格控制好允许变形值，对于满堂支架，在间距及布局满足要求的前提下，应通过设置足够的斜撑及竖直、水平剪刀撑以加强支架的整体性和刚度；

（3）对于非均布荷载，对承受荷载较大的部位，应加强支架强度以保证支架整体变形一致。预压检验时，应根据实际荷载分布情况分级加载，加载完成后安排专人检查模板各接缝处相对变形情况，满足要求后方可进行后续施工；

（4）模板加工时应注意模板加工的精度，加工后的模板边缘应光滑顺直，无毛边及缺角现象。模板安设时应严格控制模板的拼缝宽度及高低差；

（5）模板设计时应合理设置拼缝位置，拼缝应避免设置在模板支架连接处或支架薄弱处。对受力较大的拼缝，可适当在拼缝位置增设垮缝增强背肋。模板拼缝处应增设厚双面胶等防漏措施；

（6）混凝土浇筑时应选择合理浇筑顺序及层厚，箱梁腹板两侧浇筑时应控制好两侧浇筑的高度差，防止因浇筑控制不当造成模板移位，从而造成接缝质量较差。

5.5 高架预制梁与预制板制作与安装

5.5.1 梁体混凝土表面质量缺陷

1. 图片展示

图 5.5.1 接缝处振捣不到位

图 5.5.2 高架预制梁外观检查

2. 质量问题分析

（1）模板未除锈处理干净；

（2）振捣不到位；

（3）混凝土坍落度过小；

（4）每层混凝土浇筑的高度过高；

（5）腹板钢筋保护层厚度不够或者在振捣时振捣棒长时间触及钢筋振捣。

3. 防治措施

（1）箱梁模板，尤其是腹板侧模应严格除锈，表面清洗干净后涂刷脱模剂；

（2）控制混凝土施工过程中的配合比和混凝土的坍落度；

（3）加强混凝土振捣，采用插入式和附着式振捣器配合的振捣方法，混凝土振捣时应快插慢拔，待混凝土表面泛浆，不再下落，无气泡为振捣完毕；

（4）严格控制混凝土的施工工艺，浇筑时应水平分层斜向成坡进行浇筑施工；

（5）在钢筋绑扎过程中，应梅花形加密布置钢筋保护层垫块，严格保证钢筋保护层厚度，在浇筑过程中不应长时间振动钢筋。

5.5.2 梁体产生微裂缝

1. 图片展示

图 5.5.3　梁体产生裂缝　　　　　　图 5.5.4　洒水养护

2. 质量问题分析

（1）浇筑完成后，混凝土表面未加以覆盖，水分蒸发快，尤其是夏天高温季节。混凝土体积急剧收缩，在干热大风季节极易产生裂缝；

（2）水泥用量过大，砂的粒径过小。

3. 防治措施

（1）严格控制水灰比及水泥用量，选用较大砂率和级配良好的石料；

（2）避免混凝土自身与外界温度相差过大，浇筑完毕后应及时进行洒水覆盖养护，发现裂缝时应及时抹压一遍，再进行覆盖养护。

5.5.3 预应力筋张拉时发生断丝、滑丝

1. 图片展示

图 5.5.5 钢绞线长时间暴露在空气中导致锈蚀

图 5.5.6 锈蚀处理

2. 质量问题分析

（1）实际使用的预应力钢丝或预应力钢绞线直径偏大，锚具与夹片不密贴，张拉时易发生断丝或滑丝；

（2）预应力束没有或未按规定要求梳理编束，使得钢束长短不一或发生交叉，张拉时造成钢丝受力不均，易发生断丝；

（3）锚夹具的尺寸不准，夹片的误差大，夹片的硬度与预应力筋不配套，易断丝和滑丝；

（4）锚圈放置位置不准，支撑垫块倾斜，千斤顶安装不正，会造成预应力钢束断丝；

（5）施工焊接时，把接地线接在预应力筋上，造成钢丝间短路损伤钢丝，张拉时发生断丝；

（6）把钢束穿入预留孔道内时间过长，造成钢丝锈蚀，混凝土砂浆留在钢束上，又未清理干净，张拉时产生滑丝；

（7）油压表失灵，造成张拉力过大，易发生断丝。

3. 防治措施

（1）穿束前，预应力钢束必须按规程进行梳理编束，并正确绑扎；

（2）张拉前锚夹具需按规范要求进行检验，特别是对夹片的硬度一定要进行测定，不合格的予以调换；

（3）张拉预应力筋时，锚具、千斤顶安装要准确；

（4）当预应力张拉达到一定吨位后，如发现油压回落，再加油时又回落，这时有可能发生断丝，如果发生断丝，应更换预应力钢束，重新进行预应力张拉；

（5）张拉前必须对张拉端钢束进行清理，如发生锈蚀应重新调换；

（6）张拉前要经权威部门准确检验标定千斤顶和油压表；

（7）发生断丝后可以提高其他束的张拉力进行补偿，更换新束，利用备用孔增加预应力束。

5.5.4 孔道压浆时出现问题

1. 图片展示

图 5.5.7 少量泌水

图 5.5.8 孔道压浆

2. 质量问题分析

（1）压浆过程中操作人员操之过急，未等箱梁另一端冒出浓浆即停止压浆，导致孔道浆体不充实；

（2）水泥净浆泌水过多。

3. 防治措施

（1）操作人员应具备较强的责任心，待另一端出浆孔冒出浓浆，堵住出浆口并持荷 2min；

（2）根据规范要求，用于压浆的水泥浆 3h 后泌水率不宜超过 2%，24h 后，泌水应能够被水泥浆完全自我吸收。在压浆过程中一定要按照水泥浆配合比进行严格控制，对水泥浆的泌水率，流动度应进行抽查。

5.5.5 箱梁横坡过大或者过小，偏离设计值

1. 图片展示

图 5.5.9　箱梁腹板侧模底部对拉丝螺杆未旋紧　　图 5.5.10　高架预制梁制作

2. 质量问题分析

箱梁腹板侧模底部对拉丝螺杆未旋紧，底部楔形木块未完全抵住模板的撑架，撑架未调至竖向垂直。

3. 防治措施

在箱梁腹板侧模模板安装完毕后，应仔细检查模板撑架的竖向垂直度，并检查下部楔形木方完全抵住模板撑架下端，下部的侧模模板对拉丝应旋紧牢固，不得松散，而且对于浇筑前的梁顶宽度加大测量密度，严格控制梁宽。

5.5.6 箱梁顶部混凝土表面未振捣密实，收面拉毛未到位

1. 图片展示

图 5.5.11 箱梁顶部混凝土表面未振捣密实，收面拉毛未到位

图 5.5.12 箱梁顶部混凝土浇筑后

2. 质量问题分析

在箱梁浇筑到最后一个部位箱梁顶板时，施工人员急于结束浇筑过程，而在顶板浇筑振捣过程中未进行严格的振捣，没有将混凝土水泥浆在表面泛出，仍有大部分粗骨料石子在顶部，在收面时未做到表面收光即进行表面混凝土拉毛，故石子在表面显露，对于以后新老混凝土的接触不能完全咬合。

3. 防治措施

在箱梁顶板浇筑时，应严格进行振捣，混凝土表面应振捣密实，表面泛浆，在对混凝土收光后，待混凝土未达到初凝前进行拉毛，使得拉毛线条一致、均匀，使得以后新老混凝土搭接良好。

5.5.7 芯模上浮

1. 图片展示

图 5.5.13 芯模压顶装置拆除过早导致芯模上浮

图 5.5.14 压顶装置

2. 质量问题分析

在混凝土浇筑过程中,芯模因受到底板及腹板混凝土合力作用下产生向上上浮使得箱梁底板变厚,顶板上部钢筋保护层厚度不够。

3. 防治措施

在混凝土浇筑过程中,应待底板和腹板混凝土初凝之后再拆除芯模压杆,或者采用两端对拉丝控制芯模上浮,待芯模拆除时再卸去两端对拉丝。

5.5.8　箱梁混凝土与以后新混凝土接触面的凿毛问题

1. 图片展示

图 5.5.15　未按要求凿毛　　　　　　　　图 5.5.16　凿毛后的箱梁

2. 质量问题分析

箱梁在混凝土达到一定强度后拆除模板，模板拆除后对于箱梁的新老混凝土搭接面未进行严格凿毛。

3. 防治措施

箱梁拆模后，混凝土还未达到一定强度，应加大人工对箱梁新老混凝土搭接面进行凿毛，待箱梁进行上桥安装之前，需对箱梁进行全梁检查，对于凿毛未到位的部位再进行凿毛，保证新老混凝土搭接良好。

5.6 高架施工测量

5.6.1 施工控制网测设精度不够

1. 图片展示

图 5.6.1 施工控制网测量（一）

图 5.6.2 施工控制网测量（二）

2. 质量问题分析
（1）由于控制网的布设不合理，使点位控制精度达不到要求；
（2）相邻控制点间的边长过于悬殊；
（3）相邻边长间的夹角不符合有关规定；
（4）控制点设置地点不当。

3. 防治措施
（1）控制点与控制点间的边长应大致相等，以使边长引起的测量误差减少到最小；
（2）相邻控制点间夹角应不小于 30°或不大于 150°；
（3）控制点应设于通视良好、地势较高、地质坚实、便于保存及有利于进一步加密控制点的地方。

5.6.2 角度、边长测量精度不够

1. 图片展示

图 5.6.3　角度、边长测量（一）

图 5.6.4　角度、边长测量（二）

2. 质量问题分析

（1）由于仪器误差、对中误差、目标偏心误差、外界气候影响及仪器操作人员的熟练程度等多种因素影响，使角度测量成果达不到所要求的精度；

（2）用钢尺直接丈量方法测量边长的，钢尺未经鉴定或未按规定作尺长、拉力、温度、倾斜误差修正；

（3）用光电（红外）测距仪测量边长，未进行往返测距，未进行气温、气压改正，或测距仪的加、乘常数未进行检校；

（4）测点对中不准。

3. 防治措施

（1）仪器使用前一定要经过质量检定，并定期校正。按测角精度要求采用合适的测回数和正确的测角操作规程。望远镜测角的俯仰角不宜过大，一般控制在 3°左右为宜，仪器置镜点到两目标点的距离应大致相等；

（2）尽量减小仪器的对中误差，当边长越短或水平角越接近 180°时，对仪器对中要求越高；

（3）减小目标照准误差。在观测水平角时应尽量使标杆立直，尽量照准目标的根部。边长越短，照准误差对角度观测精度影响越大。尽量使用直径较小的标杆，尽量应用双丝瞄准；

（4）应尽量减少旁折光、目标阴暗、风力、阳光直射及仪器热胀冷缩不均等影响。测量宜选择在温差小，外界干扰少，大气、环境影响小的时段进行；

（5）使用经检定的钢尺并按规定进行各项尺长改正；

（6）使用经检定的测距仪进行往返测距，并进行气温、气压参数改正；

（7）认真对中，光学对中器对中误差应小于 1mm，人眼估读误差应小于 0.5mm。

5.6.3 放样点复核不到位

1. 图片展示

图 5.6.5 放样点位复核（一）

图 5.6.6 放样点位复核（二）

2. 质量问题分析

（1）放样后未对放样点位复核，不检查放样数据和结构物尺寸；

（2）读数误差和标尺偏歪；

（3）仪器误差超限；

（4）未进行高程闭合；

（5）用极坐标放样时，角度测量和距离测量误差。

3. 防治措施

（1）放样完成后就近选择已知点回测，丈量放样点内部相互关系和与周围构筑物的相对关系；

（2）在高程测设中，应按"测规"遵循置镜、照准、立尺及读数等有关操作规程；

（3）水准仪必须经过计量检定校正，以免在测放过程中产生误差；

（4）测点的高程放样必须进行高程的闭合测量，以及时发现和消除水准点误差；

（5）采用极坐标放样时，为提高点位的放样精度，用测回法和复测法来提高测角精度，放样的边长应尽可能取短，后视边长应尽可能大于放样边长，困难情况下，后视边长也不能小于放样边长的 1/2。

5.6.4 墩柱中心偏位、倾斜，墩柱与轴线不正交产生偏差

1. 图片展示

图 5.6.7　墩柱养护（一）

图 5.6.8　墩柱养护（二）

2. 质量问题分析

（1）墩柱中心偏位主要是：

① 控制点误差；

② 测量放样误差；

③ 模板安装误差及浇筑捣固时模板跑位误差；

（2）墩柱倾斜主要由于仪器误差、模板调整不彻底、模板加固不牢靠及受力不均匀引起；

（3）墩柱与轴线不正交主要由于施工前对墩柱放样计算不精确，曲线部分忽略与轴线各要素点位的精确计算。

3. 防治措施

（1）墩柱放样前确保控制点的精确性、测设点位精确计算；模板安装完成后进行复核调整，采取措施进行模板加固，避免跑位；

（2）测量仪器必须经过计量检定校正，以免在测放过程中产生误差；

（3）加强坐标计算能力，实际控制过程中，尽量避免墩柱与轴线不正交误差的产生，一般控制在 2mm 以内；

（4）对现浇部分利用桥梁施测的四等基本控制点进行极坐标放样，但最大放样距离不超过 200m，这样不仅保证了桥梁的整体方向，而且也能满足现浇梁的放样进度。

5.6.5 线路纵横断面控制及精度计算不符合要求

1. 图片展示

图 5.6.9　高架施工（一）

图 5.6.10　高架施工（二）

2. 质量问题分析

（1）纵断面：

① 忽视纵断面变坡特征点位置；

② 纵断面中竖曲线的控制不符合设计线形；

③ 忽视纵断面的精度计算。

（2）横断面：

未根据横断面特征点位置进行精确计算测设。

3. 防治措施

（1）纵断面：

① 在测放纵断面前一定要根据设计里程桩号、变坡位置精确计算其平面坐标和高程；

② 纵断面中的竖曲线放样必须同时计算竖曲线控制点的平面坐标及其高程，计算及实地测放应同时符合平面和高程放样的精度要求。

（2）横断面：

① 根据设计中心标高的横坡测放，计算其标高；

② 桥面转弯曲线内侧加宽及外侧超高平面坐标与高程需精确计算；

③ 计算加宽段桥面标高。